BÉLIER HOROSCOPE 2023

Angeline A. Rubi

ISBN : 9798840244104

Publié indépendamment

Astrologue : Alina A. Rubi

Édition : Alina A. Rubi et Angeline A. Rubi

rubiediciones29@gmail.com

Qui est le Bélier ?

Dates *: 21 mars – 19 avril*

Jour *: Mardi*

Couleur *: Rouge*

Élément *: Incendie*

Compatibilité *: Lion, Balance, Sagittaire et Verseau*

Symbole *:* 

Modalité *: Cardinal*

Polarité *: Mâle*

Planète *dirigeante : Mars*

Maison *: 1*

Métal *: Fer, acier*

Quartz *: Jaspe rouge, Rubi*

Constellation *: Bélier*

Personnalité du Bélier

Le signe du Bélier est le premier du zodiaque, ce sont les gens qui se projettent toujours dans l'avenir mais en tenant compte des expériences du passé.

Les personnes ayant une forte concentration d'énergie arienne dans leur thème natal sont actives et énergiques. Ils sont toujours en mouvement ; Ils sont très indépendants et ils sont des leaders par excellence.

Ils aiment prendre des initiatives et rivaliser avec les autres pour évaluer leurs compétences. Ils indiquent souvent à quel point ils sont compétents dans les situations d'urgence, car c'est là qu'ils peuvent évaluer leurs énergies.

Les Béliers parlent clairement, ils vont droit au but et ont une volonté inébranlable de prendre des risques avec beaucoup de courage, car ils ont beaucoup confiance en eux. Les difficultés pour eux n'existent pas, et ils sont toujours pleins d'optimisme face à tout défi que la vie leur lance ; Ils sont motivés à explorer des territoires inconnus et à démarrer des projets à partir de zéro, bien qu'ils perdent généralement leur motivation une fois la première phase passée.

Ils ont besoin d'objectifs à poursuivre dans lesquels investir leurs énergies, bien qu'ils ne soient pas persistants.

Leur agressivité est l'une des caractéristiques qui les aide dans certaines situations, mais dans d'autres, elle les annihile parce qu'elle les aveugle. Ils partagent l'optimisme et l'enthousiasme caractéristiques des autres signes de feu : Lion et Sagittaire.

Il est considéré comme le signe le plus énergique du zodiaque, toujours prêt à lutter contre tout obstacle qui se dresse sur leur chemin, ils ne s'accrochent pas au passé, ni ne se réchauffent la tête en pensant à des choses qui n'ont pas de solution.

Ses caractéristiques positives les plus remarquables sont la joie, l'optimisme, l'autonomie, la force, l'initiative et l'altruisme.

Être têtu est l'une de leurs faiblesses, ils ne sont pas faciles à convaincre, même si vous le montrez, ils sont très persistants. Quand ils se mettent dans cet état, ils sont inflexibles et égocentriques. Si quelque chose ou quelqu'un croise leur chemin et éveille des soupçons ou les agace, ils changeront rapidement d'humeur et ne céderont pas facilement.

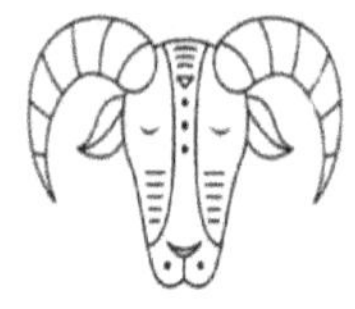

Horoscope Général Bélier

Généralités

Le Bélier commence un nouveau chapitre de votre vie en 2023. Avec votre enthousiasme, et avec Jupiter, la planète porte-bonheur dans votre signe jusqu'en mai 2023, tous les projets que vous entreprendrez vous apporteront succès et prospérité. Au début de ce nouveau cycle, il y a une probabilité que vous changiez de profession ou d'emploi.

Vous devez profiter de votre chance et montrer que vous êtes à la hauteur de toutes les opportunités qui se présentent dans votre vie. Il est sage d'être prêt à agir lorsque l'occasion se présente.

Si vous avez besoin d'aide, demandez à vos collègues ou aux membres de votre famille. Cette année, vous avez une mission à remplir, et vous allez acquérir beaucoup d'expériences, ne les laissez pas vous juger, essayez de tout faire correctement pour ne pas donner lieu à cela. Essayez de donner une structure à votre vie, afin de motiver les autres. Planifiez et utilisez de nouvelles stratégies. Ne vous perdez pas dans des choses triviales, essayez de vous affirmer et ne tergiversez pas.

Au début de l'année, il y a une activité cosmique extraordinairement forte à des moments importants de votre thème natal. Jupiter transite par votre signe, c'est le moment idéal pour de nouveaux départs, projets, opportunités et voyages. Vous pouvez profiter de l'occasion pour faire quelque chose de nouveau et prendre l'initiative pour ce que vous voulez. Vous pouvez être plus optimiste quant à la vie et vous sentir bien quant à vos possibilités. Pluton sape votre domaine de la profession en vous libérant de projets qui n'ont aucun but.

La première éclipse de l'année se produit dans votre signe le 20 avril, c'est la première éclipse solaire dans votre signe depuis mars 2006, vous devrez vous fixer des objectifs plus solides. Cette éclipse se produit dans un endroit sensible, pour cette raison, elle a une énergie plus élevée que d'habitude.

Il y a une chance que vous vous sentiez motivé ou que vous anticipiez des événements futurs et que vous ne vous inquiétiez pas. Ne laissez pas les folies être votre ruine. Une éclipse solaire similaire s'est produite dans la même position dans votre signe en avril 2004, regardez quels événements se sont produits dans votre vie à ce moment-là pour avoir une idée de ce qui pourrait arriver maintenant.

Amour

L'aventure est synonyme de votre nom cette année si vous cherchez le partenaire idéal. Jupiter en Bélier cette année active la recherche de votre flamme jumelle. Votre humeur sera géniale si vous êtes célibataire, et vous créerez des moments exclusifs.

Votre nature affable vous mettra dans l'environnement de partenaires potentiels de tous les niveaux de la société. L'une de ces personnes captivera votre cœur, et vous le mettrez sur un piédestal lorsque vous sentirez que le niveau de certitude et de tolérance est mutuel.

Notamment, vous serez en exploration pour découvrir les habitudes et les attributs que ce partenaire potentiel possède, et au fur et à mesure que vous apprendrez à les connaître, vous absorberez avec fascination toute la fidélité et la romance que cette personne vous offre.

Votre esprit de feu aspire à partager l'amour avec quelqu'un de compatible, qui doit bien sûr être tolérant et accommodant avec vous. Quoi qu'il en soit, bien que vous soyez très rapide à vous énerver, cette personne vous apprendra à vous calmer, et vous pourrez vous réconcilier et profiter de nombreux moments d'amour.

L'astéroïde Cérès transite par votre zone de relations, au début de 2023. Ce transit vous aidera à être plus affectueux et responsable avec les personnes qui font partie de votre vie, vous pourrez entretenir vos relations si vous êtes en couple. Vous serez trop préoccupé par les personnes les plus proches de vous, à la fois personnelles et professionnelles, et vous essaierez de sentir que vous obtenez quelque chose d'important d'eux.

Cérès fera son déplacement rétrograde de février à fin mars dans ce domaine, et cela peut être une période qui vous donne l'occasion de réfléchir à ce que vous devez améliorer, ou à ce que vous devez laisser aller.

Vénus évalue également vos relations en 2023 lorsqu'elles transitent rétrogradées dans votre zone d'amour, cela se produit après la première quinzaine de mai jusqu'en juillet. Ce transit provoquera des ruptures ou des conflits que vous devrez résoudre. Vous pouvez également développer une tendance aux relations secrètes. Profitez, mais ne négligez pas d'autres domaines de votre vie qui exigeront beaucoup d'attention de votre part. Examinez en profondeur s'il est dans votre intérêt de vous livrer à une passion débridée ou si elle doit être modérée.

Concentrez-vous sur la communication correcte et sur des relations saines. De cette façon, tout coulera et vous ne créerez pas de karma. Les mouvements rétrogrades sont parfaits pour renouer avec des relations qui ont été négligées récemment.

Cérès retourne dans votre secteur relationnel de fin juin à mi-septembre, pour apporter les corrections laissées en suspens. Mars, promenez-vous de fin août à mi-octobre, à travers votre zone d'amour, et vous vous sentirez motivé à vous engager.

Le 14 octobre, une éclipse solaire arrive dans votre zone d'engagement, vous donnant l'occasion de nouer de nouvelles relations, de renouveler celles qui existent déjà ou de rencontrer de nouvelles personnes. Avec cette Eclipse, il y a la possibilité de se voir offrir un deuxième emploi. Vous pouvez être présenté avec des opportunités qui impliquent de travailler pour ou avec d'autres.

Une autre éclipse, mais celle-ci est la Lune, se produit dans votre section amour le 5 mai. Si vous avez des problèmes enfouis dans votre subconscient, c'est le moment idéal pour y faire face, en particulier ceux liés à l'intimité. Vous ressentirez le besoin de vous éloigner d'une personne avec qui vous n'avez plus de lien, et vous devez le faire si vous voulez avancer sur votre chemin.

Vous aurez l'occasion de renforcer vos liens émotionnels de septembre à novembre lorsque Mars votre planète dirigeante et Cérès retransiteront dans votre zone relationnelle.

Bélier, bien que vous n'ayez pas eu les meilleurs moments amoureux récemment, puisque vous avez dû mettre de côté les relations pour vous occuper du travail et d'autres questions importantes, cette année 2023 va vous faire sentir la véritable dimension de votre isolement.

Il est impératif que vous renouiez avec vos amis, votre partenaire et les personnes dont vous avez besoin à vos côtés. Essayez de reconstruire ce que vous avez laissé de côté.

Économie

Être le centre d'attention n'est pas votre partie la plus forte, cependant, vous aurez un succès phénoménal dans votre domaine professionnel lorsque vous présenterez vos idées créatives. Vos plans seront si solides que tout le monde autour de vous risquera d'investir avec vous.

Vous découvrirez des stratégies pour solidifier vos projets et avoir des compétences que personne d'autre n'a en affaires. Rappelez-vous simplement qu'être impulsif est votre point faible, pour cette raison, continuez, mais n'agissez pas imprudemment. Si vous tombez dans le piège de vos pulsions, vous devrez partir de rien à chaque projet et vous prendrez du retard.

Ici, la clé est de terminer ce que vous commencez, un jour à la fois, une chose à la fois. Ne nourrissez pas beaucoup de nouvelles idées qui vous font perdre de vue vos objectifs. Si cela se produit, vous deviendrez agressif avec vos collègues et votre famille.

Ce sera une année très prospère pour vous. Vous avez déjà connu un peu de manque les deux années précédentes, et maintenant vous savez comment vous devez vous comporter et économiser.

Pluton transitera par votre zone professionnelle, c'est difficile parce qu'il est là depuis près de dix ans, il part fin mars pendant un certain temps, il rentre à la mi-juin et il reste pour le reste de 2023. Vous devez déjà savoir que Pluton veut que vous vous définissiez, c'est pourquoi la vie vous bouleverse, car elle veut que vous changiez de direction et clarifiiez vos objectifs. Si vous ne l'avez pas fait au cours de la dernière décennie, d'importantes transformations vous attendent au niveau professionnel.

Le mercure est rétrograde au début de 2023, jusqu'à la mi-janvier dans votre section de la profession, et sera rétrograde brièvement à la mi-décembre. Cela peut générer de l'énergie pour que vous puissiez faire tout ce que vous n'avez pas encore réalisé.

Les trois périodes rétrogrades de Mercure cette année affectent votre domaine professionnel, et donc vos finances. Pluton veut que vous preniez plus de contrôle, et Mercure vous aidera à prendre les rênes ou à vous détruire. Traditionnellement, c'est une bonne occasion de changer de carrière, de chercher des moyens de gagner plus d'argent ou de modifier les horaires de travail.

Méfiez-vous de la fraude et des conflits avec les autorités de votre lieu de travail. La permanence n'est pas typique des rétrogrades, même si vous vous sentez heureux dans la façon dont votre vie est dans ce domaine, essayez de vous concentrer sur de petits ajustements. Si vous détestez ce que vous faites, vous le détesterez encore plus. Soyez intelligent à ce sujet.

L'astéroïde Cérès en mouvement rétrograde influence également votre zone économique de fin mars à début mai, il rejoint Mercure dans cette tâche et toutes ces énergies vous feront ne pas vous sentir concentré sur ce que vous faites.

Vous aurez également l'impression de ne pas être assez payé ou de ne pas être suffisamment payé ou de ne pas mériter pour votre travail, ou de vous donner trop de responsabilités. Tout ce que vous faites avec dégoût sera affecté.

Mars vient vous aider dans l'économie de mi-juillet à fin août et vous donnera l'énergie dont vous avez besoin pour chercher un emploi que vous aimez ou qui vous passionne. Cette vibration est parfaite pour les nouveaux projets et opportunités d'emploi.

Quoi qu'il en soit, financièrement, vous obtiendrez beaucoup d'aide financière avec Jupiter se déplaçant dans votre domaine financier à la mi-mai. Jupiter rejoint Uranus en Taureau, qui est à ce point depuis quelques années maintenant.

Uranus vous a poussé à faire de grands changements, et Jupiter vient maintenant vous récompenser pour vos efforts. Vous verrez beaucoup de surprises financières agréables pour le travail que vous avez fait correctement, et les projets qui ont été paralysés vont bouger. Vous devez être intelligent et prudent lorsque Mercure rétrograde transite par votre zone financière de la fin avril à la mi-mai.

Une éclipse lunaire le 28 octobre ébranle votre économie. Si vous avez agi sans réfléchir, cela peut être une période d'adversité, cependant, avec la faveur de Jupiter, ce n'est rien de grave.

Les chômeurs ne doivent pas perdre espoir s'ils ne trouvent pas de travail, car les choses sont assez faibles au niveau général. Ils auront plus d'opportunités après juillet, ils devraient donc avoir les yeux ouverts sur les offres qui sont publiées.

Ce qu'ils devraient faire, c'est profiter de ce temps pour suivre des cours qui ouvrent plus de portes sur le marché du travail. Son économie en général se renforcera au cours de cette année, et ils pourront se donner des petits goûts et payer les mensualités sans stresser.

Famille

Les relations familiales seront compromises, si vous voulez éviter les difficultés, il est important d'avoir un dialogue sincère, en faisant comprendre aux autres que vous n'êtes pas en mesure de remplir toutes les réclamations. Des amis vous aideront à comprendre ce moment que vous vivez et vous proposeront de partager vos expériences avec eux. Bien qu'elle ait besoin de moments de solitude pour méditer, elle trouve le temps d'accepter sa compagnie. Vous ne le regretterez pas.

Mars dans la zone familiale de la mi-mars à la mi-mai, vous fera sentir motivé à vous concentrer sur la famille. Vous voudrez peut-être passer plus de temps à la maison, déménager, redécorer ou rénover.

Si vous avez des enfants, Vénus rétrograde de mi-mai à mi-juillet dans le secteur qui régit vos enfants, vous le rendrez plus rebelle, et vous aurez besoin de beaucoup de patience. Ils peuvent avoir besoin de votre soutien pour un problème difficile, et vous pouvez les aider à se sentir plus protégés.

Santé

Vous serez enclin à des combats qui créeront du stress, et beaucoup de frustration, surtout au début de l'année lorsque Mars rétrograde joue avec votre esprit.

Vous pouvez faire face à des problèmes mentaux ou à des traumatismes passés. Mars effectuera son travail dans ce domaine jusqu'à la fin du mois de mars. Ensuite, vous aurez le temps de reconstituer votre esprit et de restaurer votre concentration positive.

À la mi-novembre, Mars et Mercure partiellement rétrogrades dans votre domaine d'esprit vous donnent de l'énergie pour de grandes idées, des projets et de l'optimisme. Avec Mercure rétrograde, vous aurez besoin de distance mentale avec les autres. Neptune est dans ce domaine depuis un certain temps et continuera à vous aider à vous connecter avec votre subconscient et à laisser aller le passé. Votre intuition sera forte. Saturne transite par cette sphère dans les premiers jours de mars et restera le reste de l'année. Réfléchissez sérieusement à la façon de gérer vos ombres et de lâcher certains bagages. Saturne dans cette zone est une étape pour un nettoyage profond de votre esprit et de votre âme. Concentrez-vous sur la compréhension de votre passé.

La santé physique globale est bonne, mais vous pouvez la renforcer en accordant plus d'attention à vos os. Vous voudrez peut-être consulter un chiropraticien. Il est primordial que votre colonne vertébrale et votre posture générale soient bien alignées.

Conseiller

Vous devez vous départir des choses ou des conceptions qui ne fonctionnent plus. Débarrassez-vous de vos conventions familiales ou culturelles qui, à un moment donné, vous ont été données mais ne fonctionnent plus.

Ne craignez pas de poser des questions. Il est valable d'être inexpérimenté dans la vie, mais si vous ne demandez pas, les gens accepteront que vous sachiez quelque chose qui n'est pas réel, et alors vous échouerez parce que vous êtes incompétent. Lorsque vous ne connaissez pas la réponse à quelque chose, demandez toujours. Aussi simple que soit la question, ne craignez pas de vouloir en savoir plus.

Vous devez surveiller vos arrières car des ennemis cachés peuvent saper vos plans et essayer de nuire à votre image. Si vous avez des problèmes ou tout autre problème qui ralentit votre avancement professionnel, il est temps d'y faire face.

Reposez-vous suffisamment, un esprit fatigué est un esprit inutile. L'économie personnelle est importante, vous devez donc vous apprendre à planifier et, bien sûr, à vous y conformer pleinement. Méfiez-vous de la spéculation boursière durant cette année, protégez-vous.

Il est important que vous réfléchissiez sérieusement à la façon de prendre soin de votre santé et de vos habitudes alimentaires, de laisser un peu d'alcool et de tabac. Si vous ne le faites pas dans le temps que Saturne transite par votre maison de santé, la planète du karma vous passera la facture. Ne vous attachez pas à vos manières archaïques, incorporez les réformes nécessaires et assumez-les avec confiance.

Horoscopes mensuels Bélier 2023

Janvier 2023

Vous commencez le mois, et l'année, régulièrement parce que votre planète dirigeante Mars, est rétrograde. Il y aura beaucoup de conflits dans votre maison qui entraveront les liens familiaux. Après le 18, tout commence à se réparer et vous vous sentirez plus soulagé. Essayez de ne pas vous disputer avec votre partenaire, sinon les choses empireront. En fin de compte, nous avons tous des opinions différentes et ce n'est pas parce qu'ils partagent la vie qu'ils n'ont pas leur propre vie.

Vous vivrez des nuits de sexe et de passion si vous êtes célibataire, après le 11, et vous vous sentirez dans les nuages avec tant d'amour et d'érotisme.

Vous avez particulièrement de bonnes chances de trouver un nouvel emploi si vous commencez à vous occuper du 18. En outre, toute entreprise ou projet qui a été paralysé sera achevé et vous vous sentirez incroyablement heureux, en plus de gagner beaucoup d'argent.

Quoi qu'il en soit, vous devriez avoir les yeux ouverts car il y a d'autres opportunités d'affaires sur votre chemin, vous recevrez les signaux, mais si vous êtes diverti, vous ne le remarquerez pas.

À la fin du mois, les choses se compliquent pour ceux qui sont en couple pour une question professionnelle, ils devront peut-

être se séparer pendant un certain temps, ce qui créera un peu de chaos puisque l'amour à distance les fera méditer sur la relation et les problèmes qu'ils ont et ont ignorés. Essayez d'être patient car tous les couples ont des problèmes, profitez de la distance pour vous améliorer physiquement, afin que votre partenaire vous trouve plus attrayant à son retour.

Vous devez surveiller ce que vous mangez parce que vous risquez que votre tension artérielle soit décompensée. Vous ne voulez pas amener votre corps au même rythme que votre esprit, ce qui est impossible.

Vous devez être patient car il y a beaucoup de défis dans les mois à venir, alors habituez-vous à être tolérant.

Numéros porte-bonheur

12, 23, 35, 39, 42

Février 2023

L'amour de couple devrait être un fardeau partagé. Vous ne devez pas penser que les choses qui vous sont arrivées dans le passé vont se répéter maintenant. Si vous sentez que vous avez des traumatismes qui viennent du passé, il est temps d'aller en thérapie, ou de pratiquer la méditation pour nettoyer votre subconscient de tout ce qui a votre esprit obscurci par tant de jalousie. Après le 5 février, votre partenaire voudra peut-être se séparer parce que vous l'avez submergée par tant de contrôle.

La confiance est la première règle à engager, sinon vous devez être seul. Ce que vous faites, c'est de l'égoïsme, vous devez éliminer tous ces fantômes de votre esprit pour que vous soyez heureux.

Beaucoup de problèmes entre les parents de votre partenaire et les vôtres parce qu'ils ne sont pas d'accord sur quelque chose qui a à voir avec les deux familles après le 14, quelque chose lié à l'endroit où passer la journée d'amour et d'amitié.

Enfin, ils seront d'accord et passeront un bon moment.

Si vous êtes célibataire et sortez avec plus d'une personne, soyez prudent car une situation difficile se dresse sur votre chemin. Les deux personnes pourraient se rencontrer à cause d'une erreur de votre part lors de la réconciliation des dates. Ils se présentent chez vous et vous avez une grosse frayeur.

Vous devez vous rappeler que vous n'avez pas raison en tout lorsqu'un problème survient avec un collègue de travail à la fin du mois. Apprenez à écouter les conseils et à contrôler cette tendance à toujours vouloir gagner.

Il est particulièrement bon pour vous de vous offrir un massage ou d'aller à la plage afin que vous puissiez avoir un peu d'énergie. Respirer l'air marin sera un remède parfait pour votre stress.

Vous devez être visiblement clair dans votre esprit de ce que vous voulez pour votre vie, car si vous ne vous fixez pas d'objectifs, vous n'irez nulle part.

Vous obtiendrez de l'argent de la spéculation, d'une augmentation de salaire ou d'un jeu de hasard. Ne dépensez pas parce qu'il y a un peu de temps tendu à venir dans la finance.

Numéros porte-bonheur
3, 14, 19, 22, 37

Mars 2023

Vous devez être calme, ce mois-ci, vous commencez à présenter des schémas d'anxiété, pour des problèmes que vous n'avez pas été en mesure de résoudre. Si vous êtes décompensé, vous finirez par affecter la relation avec votre partenaire et avec vos collègues de travail.

Dépensez un peu d'énergie à nettoyer votre maison, un nettoyage énergétique est recommandé. Allumez également une bougie blanche sur le pas de votre porte et voyez comment vous commencez à vous sentir mieux.

Déjà ce mois-ci est moins restrictif et contrôlant en amour, et plus prévenant. Vous avez déjà plus envie de partager, d'en profiter et de sortir dîner avec votre partenaire, de passer des nuits romantiques après le 15 que les planètes vous bénissent.

Si vous prévoyez d'avoir des enfants ce mois-ci est idéal, alors planifiez des nuits d'érotisme et de passion afin que vous puissiez concevoir un enfant avec beaucoup d'amour.

Rappelez-vous qu'il est toujours sain d'admirer le paysage autour de vous, vous pouvez toujours trouver la beauté, même en regardant les étoiles la nuit.

Il y a des changements et des troubles, dans votre vie à la fin du mois, vous devez vous occuper des accidents. Si cela se produit, restez calme car ce ne sera rien de grave.

Dans votre milieu de travail, il y a des changements qui peuvent vous affecter parce que les personnes en position d'autorité vont changer. Vous fermez la bouche et ne faites aucun commentaire parce que vous risquez d'être impliqué dans un commentaire qui, à l'avenir, pourrait vous affecter.

La santé doit être prise en charge, évitez les changements drastiques de température car vos poumons peuvent tomber malades. Vous devez analyser ce que vous mangez. Une alimentation équilibrée est imposée afin que vous contrôliez le cholestérol.

Essayez de vous amuser avec vos amis, planifiez des réunions à la maison.

Si vous êtes célibataire, vous avez des opportunités d'amour au travail, la romance de bureau traditionnelle.

Dans le domaine des affaires, votre patience sera évaluée à la fin du mois puisqu'un projet n'avance pas aussi vite que vous le souhaiteriez. Il n'y a pas grand-chose que vous puissiez faire à ce sujet, continuer à travailler est la solution.

Numéros porte-bonheur

15, 21, 32, 36, 41

Avril 2023

Vous donnez la priorité à votre partenaire ce mois-ci. Vous la mettrez sur un piédestal avec tant d'attentions, et elle sera très flattée.

Si vous êtes célibataire, vous avez l'occasion de rencontrer quelqu'un qui pourrait être votre âme sœur. C'est quelqu'un lié à votre profession, ou vous le connaissez sur les réseaux sociaux.

Si vous avez pensé à contracter un prêt ou un crédit, vous obtiendrez probablement une réponse négative.

Vous ne devriez pas démarrer une nouvelle entreprise avant le mois prochain, ni investir de grosses sommes d'argent. Vous serez tenté de faire des dépenses supplémentaires qui ne sont pas dans votre budget, pensez toujours : j'aime ça, je le veux, mais je n'en ai pas besoin.

Rappelez-vous que pour réussir, vous devez rester concentré.

Numéros porte-bonheur

9, 14, 19, 23, 65

Mai 2023

Vous commencez le mois rapidement et avec l'énergie d'un super-héros. Vous devez suivre vos intuitions, les combiner avec cette énergie et vous aurez un succès extraordinaire dans un projet qui a été retardé.

Vous pouvez contrôler votre destin, créer les conditions dont vous avez besoin, les résultats seront positifs après la seconde moitié du mois. N'en faites pas trop en voulant tout contrôler, car cela peut entraîner des problèmes domestiques.

Si vous êtes célibataire, l'amour vous suit ardemment et à la fin de ce mois, il vous trouvera. Vous êtes susceptible de trouver l'amour dans des groupes caritatifs ou religieux, ou en tant que bénévole dans un juste parce que vous croyez.

L'aspect financier est excellent en fin de mois et votre intuition reste forte. Moments de changements importants, vous avez non seulement la possibilité d'améliorer votre situation économique, mais de gagner en sécurité personnelle.

Pariez sur votre créativité, tout est en votre faveur, mais ne prenez pas de risques inutiles, car votre personnage est enclin à cela.

Canalisez votre énergie en faisant de l'exercice, mais prenez soin de vos os. Si vous avez des maux de tête, vous pouvez développer des migraines.

L'ombre de l'infidélité réapparaît dans votre tête. Cependant, votre partenaire a beaucoup de patience et sera tolérant envers vous.

Si vous avez planifié un voyage, il peut y avoir des retards ou des annulations. Vous n'avez pas à vous alarmer, ce changement ne vous affectera pas, au contraire, il est positif que cela se soit produit.

Numéros porte-bonheur

7, 11, 13,26,40

Juin 2023

Ils vous donneront beaucoup d'envie 0 et de visiter de nouveaux endroits, de vous faire de nouveaux amis et de vous amuser. C'est un mois stimulant, plein de dévouement aux choses que vous aimez.

Cela vous libérera des pressions et augmentera également votre intérêt pour votre développement intérieur. Votre créativité sera au sommet et vous aurez de nombreuses idées sur la façon de faire des affaires qui peuvent vous apporter beaucoup de profits à l'avenir. L'enthousiasme vous accompagnera dans tout ce que vous exécuterez, et cela vous aidera à surmonter n'importe quel défi.

Si vous avez besoin d'aide au travail, vous pouvez le demander à vos collègues, et si d'autres vous le demandent, aidez-les. Ne vous impliquez pas dans des luttes de pouvoir car vous vous retrouverez dans un conflit puissant avec un ennemi féroce qui peut rendre votre vie très amère.

Prévoyez une pause pour réfléchir à ce que vous voulez faire, après le 22 et incluez dans vos plans des mesures rigoureuses dans la gestion de vos dépenses.

Il est essentiel que vous ne mélangiez pas les affaires personnelles avec le travail. Ne laissez pas vos émotions obscurcir votre raison, si cela se produit, vous perdrez beaucoup d'argent.

Si vous assimilez cela, l'horizon sera plus clair pour vous et vous saurez exactement quoi faire.

Numéros porte-bonheur

6 - 22 - 30 - 33 – 35

Juillet 2023

L'amour et l'argent vous hantent ce mois-ci, et après le 3, vous serez bénis par les planètes. Votre partenaire sera un peu compliqué au travail et cela peut créer des conflits à la maison car vous devrez vous occuper des tâches ménagères.

Ce mois-ci, vous devez faire attention à tous les documents que vous signez. Il y a des gens dans votre milieu de travail qui essaieront de vous piéger pour vous faire du mal parce qu'ils sont envieux de votre personnalité active. Votre meilleure défense est d'être tolérant, mais de surveiller ce que vous signez.

Après le 19, vous voudrez améliorer votre apparence physique, vous voudrez peut-être planifier une chirurgie esthétique ou changer votre garde-robe. Tout achat que vous ferez pendant cette période sera excellent.

Vous devez apprendre à écouter davantage les gens autour de vous, ce sont des gens plus expérimentés qui veulent vous aider à ne pas commettre les erreurs qu'ils ont déjà commises.

Si vous êtes célibataire, ce mois-ci est l'occasion idéale de poser les bonnes questions à la personne que vous rencontrez. Vous vous rendrez compte qu'ils n'ont pas grand-chose en commun, et cela vous décevra, mais ne vous inquiétez pas que votre âme sœur soit en route.

Commencez à faire des plans pour prendre des vacances le mois prochain, si vous n'avez pas de partenaire, vous pouvez y aller avec vos amis.

N'oubliez pas de ne pas arrêter de faire les choses que vous aimez simplement parce que votre partenaire ou un membre de votre famille vous l'a demandé. L'amour ne consiste pas à interdire à l'autre de profiter des choses qu'il aime, mais à renforcer les talents.

Numéros porte-bonheur

10 - 13 - 26 - 28 - 30

Août 2023

Les quinze premiers jours du mois, vous serez extrêmement nerveux parce que vous avez beaucoup de travail et que vous voulez partir en vacances à la fin du mois.

Réfléchissez et évaluez correctement chaque pas que vous faites, lorsque vous ne pouvez pas faire les choses seul, demandez conseil à vos amis, qui seront à vos côtés tout au long de ce mois.

Ce n'est pas un mois de compression entre couples établis puisqu'ils sont exposés à des aventures secrètes en direct.

Il est important, pour ceux qui ont déjà établi une relation de temps, qu'ils réfléchissent à deux fois avant de faire un faux pas.

Les célibataires apprécieront les aventures et les romances transitoires, n'oubliez pas les mesures de protection sexuelle car ils peuvent être contaminés par une maladie vénérienne.

En ce qui concerne les finances, ne vous découragez pas et ne perdez pas patience. Essayez d'être prudent et ne prenez pas de risque, afin de ne pas subir de déceptions.

Certaines amitiés qui ne vous conviennent plus quittent votre vie.

Il est important que vous appreniez à bien connaître les gens avant de les recevoir avec une telle joie.

Quelqu'un que vous aimez beaucoup pense à vous blesser physiquement, vous voudrez peut-être attirer l'attention, mais n'arrêtez pas de lui donner de l'importance, vous devriez toujours vous inquiéter de la sécurité de la personne que vous aimez.

.

Numéros porte-bonheur

1 - 4 - 12 - 19 - 20

Septembre 2023

Ce mois-ci, vous devriez rester calme. Il est possible que vous soyez empêtré dans une situation trop compliquée, cela ne signifie pas que vous aurez de graves problèmes, en fait, c'est quelque chose que vous pouvez résoudre parce que vous n'avez rien à voir avec la question.

Ce n'est pas un bon raté de confesser l'amour à cette personne que vous aimez. Cette personne ne ressent pas la même chose que vous et vous vous sentirez incroyablement triste si vous le faites. Vous ne devez pas oser dire ce que vous ressentez, au moins ce mois-ci.

Un changement au niveau subconscient se produira en vous, en raison de problèmes émotionnels et familiaux.

Les aspects planétaires sont spectaculaires pour l'achat ou la vente d'une maison.

Oubliez ce projet qui n'a pas fonctionné, il vaut mieux que vous voyiez la page et jetiez le livre, vous devriez vous reposer un moment et quitter les affaires ou vous concentrer sur un autre type de travail.

Vous attendez une réponse de quelque chose qui vous a été promis et qui vous rend anxieux. Cependant, cette nouvelle que vous attendez avec tant d'impatience n'arrivera pas avant le mois prochain. Vous devez être très calme parce que vous avez fait tout ce qui était en votre pouvoir pour obtenir ce que vous voulez, il est maintenant temps de laisser les choses entre les mains du destin et de vous concentrer sur d'autres objectifs. Ce que vous voulez viendra maintenant.

Numéros porte-bonheur
15 - 22 - 24 - 29 - 31

Octobre 2023

La spéculation est très favorable ce mois-ci, mais n'agissez jamais aveuglément.

Vous serez en mesure d'augmenter votre estime de soi et d'acquérir des expériences.

En amour, votre partenaire vous demandera des définitions. Votre partenaire a longtemps exprimé son désir d'avoir des enfants et de consolider la relation. Vous avez réagi avec évasion ; Cependant, ce mois-ci exigera une réponse.

Vous êtes susceptible d'être attiré par la spiritualité.

Vous devrez également faire face à des problèmes dans votre vie que vous avez peut-être essayé de cacher et qui vous contrôlent. Tout est résolu au moment où vous parvenez à identifier quoi et à supposer que vous n'êtes coupable d'aucune sorte.

À la fin du mois, vous recevrez une invitation formelle à sortir avec des amis qui sera bénéfique pour générer de nouveaux contacts.

Si vous pensez que vous avez une période difficile ou de la chance, faites des activités qui vous disent le contraire.

Vous apprenez qu'ils vont vous rendre l'argent qu'ils vous doivent.

Numéros porte-bonheur
11 - 12 - 14 - 20 - 31

Novembre 2023

Ce mois-ci, vous devez être fort parce que c'est vous qui avez été manipulé émotionnellement par votre famille. Essayez d'être calme et écoutez-les patiemment sans être manipulé.

Ne soyez pas si exigeant envers vous-même, car cela peut vous causer beaucoup de stress. Vous devez également prendre soin des douleurs articulaires, et cela se produit parce que le corps vous demande de vous reposer.

Il y a plusieurs façons de se détendre, l'exercice est la principale, mais la méditation est importante.

L'intuition que vous avez vous aidera à générer de l'argent, si vous continuez à être guidé par elle, vous aurez beaucoup de succès.

À la fin du mois, une personne qui a beaucoup de prestige veut partager ses succès avec vous. Vous invitez à sortir, ce n'est pas une sortie romantique, mais un moment pour parler d'affaires. Vous devez rattraper votre retard technologique pour que votre entreprise continue de croître, essayer de réussir des cours appropriés ou qui peut vous apporter de nouvelles idées.

Certains qui sont avec leurs partenaires depuis longtemps s'ennuieront et bien que la relation soit stable, la passion du début vous manque. Les relations sont basées sur des étapes, et toutes ont leurs bonnes choses, profitez de tout ce que la vie vous donne à partager avec cette personne.

Numéros porte-bonheur

7 - 9 - 10 - 29 - 32

Décembre 2023

L'amour entre vos parents et vos frères et sœurs sera trop compliqué par des questions financières. Les aversions, surtout après le 5, seront le point culminant de votre vie.

Vous êtes dans une situation économique stable, mais bientôt certaines dettes typiques de fin d'année arriveront. Organisez votre économie et vous serez en mesure de faire face à n'importe quel scénario qui se présente.

Si vous apprenez à connaître quelqu'un, ne craignez pas de dire la vérité à la personne avec qui vous avez affaire, enlevez vos masques, et si par hasard vous lui avez caché quelque chose, il est temps d'être sincère et de lui laisser la décision de continuer.

Les fruits de votre travail commencent à progresser et à s'étendre, vous pouvez voir que la vie a beaucoup plus de bonnes choses sur le chemin pour vous.

Un vieil amour du passé pourrait vous causer un problème lorsqu'elle se présente de manière inattendue à une fête où vous serez avec votre partenaire.

Si vous voulez rester en bonne santé, vous devriez boire plus d'eau pour nettoyer votre système. Vous devez garder vos émotions contrôlées afin que vos habitudes de sommeil ne perdent pas leur rythme. Respirez de l'air frais.

A la fin du mois et de l'année vous ne ferez pas attention à certaines choses importantes car vous vous laisserez emporter par l'esprit des fêtes.

Éloignez-vous de tout ce qui vous distrait, des fantasmes sociaux, utilisez votre pouvoir mental pour grandir votre chemin. Concentrez votre force et votre énergie sur l'obtention de l'abondance que vous méritez.

Numéros porte-bonheur

1 - 12 - 19 - 20 - 21

Les cartes de tarot, un monde énigmatique et psychologique.

Le mot Tarot signifie « voie royale », c'est une pratique ancienne, on ne sait pas exactement qui a inventé les jeux de cartes en général, ni le Tarot en particulier ; Il existe les hypothèses les plus dissemblables à cet égard.

Certains disent qu'il est apparu en Atlantide ou en Egypte, mais d'autres croient que les tarots sont venus de Chine ou d'Inde, de l'ancienne terre du peuple rom, ou qu'ils sont venus en Europe par les Cathares. Le fait est que les cartes de tarot dégagent des symbolismes astrologiques, alchimiques, ésotériques et religieux, à la fois chrétiens et païens.

Jusqu'à récemment, certaines personnes si vous mentionniez le mot « tarot », il était courant d'imaginer un gitan assis devant une boule de cristal dans une pièce entourée de mysticisme, ou de penser à la magie noire ou à la sorcellerie, aujourd'hui cela a changé.

Cette technique ancienne s'est adaptée aux temps nouveaux, a rejoint la technologie et de nombreux jeunes s'y intéressent profondément.

Les jeunes se sont isolés de la religion parce qu'ils considèrent que là, ils ne trouveront pas la solution à ce dont ils ont besoin, ils ont réalisé la dualité de cela, quelque chose qui n'arrive pas avec la spiritualité. À travers les réseaux sociaux, vous trouverez des comptes dédiés à l'étude et aux lectures du tarot, car tout ce qui concerne l'ésotérisme est à la mode, en fait, certaines décisions hiérarchiques sont prises en tenant compte du tarot ou de l'astrologie.

Ce qui est remarquable, c'est que les prédictions qui sont généralement liées au tarot ne sont pas les plus recherchées, ce qui est lié à la connaissance de soi et aux conseils spirituels est le plus demandé.

Le tarot est un oracle, à travers ses dessins et ses couleurs, nous stimulons notre sphère psychique, la partie la plus reconduite qui va au-delà du naturel. Plusieurs personnes se tournent vers le tarot comme guide spirituel ou psychologique puisque nous vivons dans des périodes d'incertitude, ce qui nous pousse à chercher des réponses dans la spiritualité.

C'est un outil si puissant qu'il vous dit concrètement ce qui se passe dans votre subconscient afin que vous puissiez le percevoir à travers le prisme d'une nouvelle sagesse.

Carl Gustav Jung, le célèbre psychologue, a utilisé les symboles des cartes de tarot dans ses études psychologiques. Il a créé la théorie des archétypes, où il a découvert une grande quantité d'images qui aident à la psychologie analytique.

L'utilisation de dessins et de symboles pour faire appel à une compréhension plus profonde est fréquemment utilisée en psychanalyse. Ces allégories font partie de nous, correspondant à des symboles de notre subconscient et de notre esprit.

Notre inconscient a des zones sombres, et lorsque nous utilisons des techniques visuelles, nous pouvons en atteindre différentes parties et révéler des éléments de notre personnalité que nous ne connaissons pas. Lorsque vous parvenez à décoder ces messages à travers le langage pictural du tarot, vous pouvez choisir quelles décisions prendre dans la vie pour créer le destin que vous voulez vraiment.

Le tarot avec ses symboles nous enseigne qu'il existe un univers différent, surtout aujourd'hui où tout est si chaotique et où une explication logique est recherchée pour toutes choses.

Quatre de Pentacles, carte de tarot pour Bélier 2023

La tranquillité viendra dans votre vie. Vous pourrez avoir la paix et une vie organisée. Vous saurez prendre soin de vous et cela vous aidera à rester en bonne santé. Il prédit un bon équilibre de l'argent, en fait, si vous avez un budget organisé, il vous aidera à maintenir une grande stabilité économique, réalisant comme résultats de nombreux profits.

C'est la période parfaite pour une entreprise car la chance est de votre côté.

Runes de l'année 2023

Les runes sont un ensemble de symboles qui forment un alphabet. « Rune » signifie secret et symbolise le bruit d'une pierre entrant en collision avec une autre. Les runes sont une méthode visionnaire et magique légendaire.

Les runes ne servent pas à des prédictions exactes, mais elles servent à vous guider sur un événement futur, un sujet ou une décision. Les runes ont une signification spécifique pour la personne qui le veut, mais aussi un message lié aux adversités qui surgissent dans la vie.

Fehu, Rune du Bélier 2023

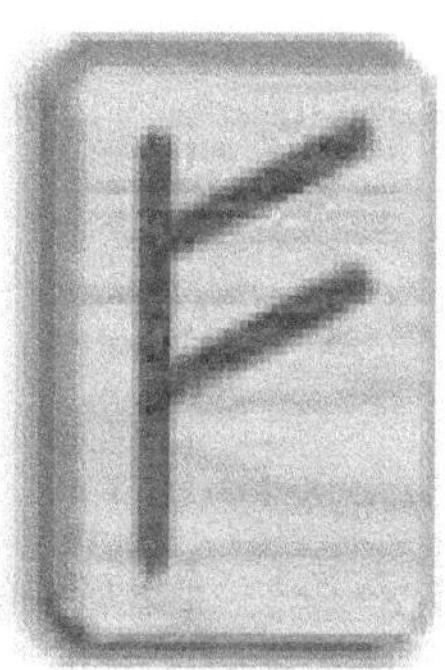

Cette rune apportera la prospérité à votre vie, indique la fertilité matérielle, vous pouvez obtenir tout ce que vous proposez, et vous aurez beaucoup de paix dans le sens de l'économie. Vous obtiendrez de nombreuses récompenses parce que vous essayerez.

Si vous avez cherché à avoir des enfants, vous l'aurez. Si vous voulez commencer de nouveaux projets, vous le ferez, et vous aurez un succès phénoménal parce que vous recevrez une aide inattendue.

Il représente un amour réciproque, où la relation de couple est solide et harmonieuse. En tant que divinité Freyja, la déesse viking de l'amour, elle prophétise un avenir prospère en matière de cœur.

Vous pouvez tracer la rune Fehu, utiliser son symbole comme ornement, le placer comme fond d'écran sur votre téléphone ou votre ordinateur, car c'est la rune de la prospérité, par conséquent, le fait de l'avoir présent attirera ses énergies.

Il symbolise les avantages économiques et la richesse. Vous devrez partager avec les autres. Il indique le début d'une bonne période, où vous aurez des avantages financiers à court terme.

Au travail vient une étape agréable, avec la réalisation de vos objectifs. Si vous ne travaillez pas actuellement, prédisez les entretiens d'embauche.

Couleurs porte-bonheur

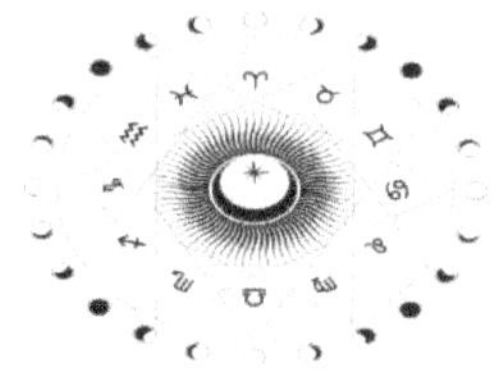

Les couleurs nous affectent psychologiquement ; Ils influencent notre appréciation des choses, notre opinion sur quelque chose ou quelqu'un, et peuvent être utilisés pour influencer nos décisions.

Les traditions pour recevoir la nouvelle année varient d'un pays à l'autre, et dans la nuit du 31 décembre, nous équilibrons tout ce que nous vivons de positif et de négatif dans l'année qui s'en va. Nous commençons à réfléchir à ce qu'il faut faire pour transformer notre chance dans la nouvelle année qui approche.

Il y a plusieurs façons d'attirer des énergies positives vers nous lorsque nous recevons la nouvelle année, et l'une d'entre elles est de porter ou de porter des accessoires d'une couleur spécifique qui attire ce que nous voulons pour l'année qui va commencer.

Les couleurs ont des charges énergétiques qui influencent nos vies, il est donc toujours conseillé de recevoir l'année vêtue d'une couleur qui attire les énergies de ce que nous voulons réaliser.

Pour cela, il y a des couleurs qui vibrent positivement avec chaque signe du zodiaque, donc la recommandation est que vous portiez des vêtements avec la tonalité qui vous fera attirer la prospérité, la santé et l'amour en 2023. (Vous pouvez également porter ces couleurs tout au long du reste de l'année pour des occasions importantes ou pour améliorer vos journées.)

Rappelez-vous que, bien que le plus courant soit de porter des sous-vêtements rouges pour la passion, roses pour l'amour et jaunes ou dorés pour l'abondance, il n'est jamais trop d'attacher dans notre tenue la couleur qui profite le plus à notre signe du zodiaque.

Couleur porte-bonheur pour le Bélier

Jaune.

Il est difficile d'ignorer le jaune, et si la teinte est comme l'or, elle projette la prospérité. C'est la couleur de l'intelligence, et cela peut vous aider à penser clairement.

Le jaune est brillant et clair, éclaircissant tout ce qu'il touche. C'est la couleur du soleil, elle symbolise donc la satisfaction, la volonté, la créativité et une somme de nouveaux sentiments et de joie.

C'est une couleur efficace sur le plan psychologique, et pourrait réguler la pression artérielle, les niveaux de sucre dans le sang, nettoyer vos intestins, soulager l'arthrite et guérir votre peau. Il sert à équilibrer les problèmes émotionnels, en particulier lorsque nous avons des pensées obsessionnelles négatives.

C'est la meilleure couleur à utiliser lorsque nous voulons changer les parties négatives de notre personnalité, car le jaune est joyeux, transférant des nuances plus objectives à notre attitude mentale.

Votre système digestif peut être purifié avec des rayons jaunes. Vous devriez faire une pause dans votre routine quotidienne et sortir pour passer quelques minutes chaque jour dans un endroit où vous pouvez sentir les rayons du soleil. Vous sentirez comment votre corps devient plus énergique.

Versez de l'eau dans un verre jaune et placez-la au soleil pendant une demi-heure. Buvez cette eau pendant que vous vous concentrez sur le nettoyage de votre corps, de votre esprit et de votre cœur.

Les principales caractéristiques du jaune sont son éclat et sa particularité lumineuse. Le jaune est expansif et désinhibé, il aide donc à la relaxation. Offrir une rose jaune est synonyme d'amitié et d'offrir un nouveau départ.

La teinte de l'élément air est jaune. Il intensifie les talents mentaux et les processus de pensée, par conséquent, toute idée illogique ou déraisonnable est éliminée lorsque vous utilisez cette couleur.

Pour se manifester dans le monde matériel, c'est la meilleure couleur car elle éclaire les mystères de l'esprit conscient et subconscient. Il stimule les facultés de l'esprit, lui permettant de fonctionner comme une éponge.

Les personnes qui ont une couleur jaune dans l'aura sont pleines de joie et de paix intérieure. Ces gens ne sont liés à rien, ni à personne, et ils sont toujours gentils. Un halo autour de la tête jaune symbolise un maître spirituel. Pour les thérapeutes holistiques, le jaune est la couleur de la paix, et c'est la couleur du chakra du plexus solaire.

Le quartz qui représente le jaune est la citrine, l'ambre et la topaze.

*Dans les tons de jaune, nous trouvons le **citron**, une couleur chaude, qui a le potentiel de nourrir le cerveau afin que vous puissiez vous projeter clairement, décider fermement et amplifier votre mémoire.*

Cette couleur est fabuleuse pour vous aider dans les études, l'analyse et l'orthographe. Il stimule non seulement le cerveau, mais nettoie, car il contient une nuance de vert dans son spectre.

Le citron pousse les toxines à l'extérieur afin qu'elles puissent être purifiées. Le jaune citron collabore lorsque les spasmes abdominaux, la perte d'appétit, les douleurs osseuses, les éruptions cutanées, la mauvaise digestion, les éruptions épidermiques et d'autres maladies de la peau doivent être guéris.

Amulettes porte-bonheur

Ces amulettes porte-bonheur peuvent vous aider à avoir une année 2023 pleine de bénédictions à la maison, au travail, avec votre famille, attirer de l'argent et la santé. Pour que les amulettes fonctionnent correctement, vous ne devez pas les prêter à quelqu'un d'autre, et vous devriez toujours les avoir à portée de main.

Bélier

Une grenouille.

Une amulette qui vous apportera la paix, la prospérité matérielle et l'abondance spirituelle.

Dans les temps anciens, pour les Romains et les Égyptiens, les grenouilles étaient un symbole de protection, et ils utilisaient des figures de cet animal comme talisman.

Dans l'Égypte ancienne, les amulettes de grenouille représentaient la réincarnation et l'abondance matérielle ; c'était un symbole de leurs déesses, et elles sont spécifiquement liées aux rituels de réincarnation d'Osiris, le dieu le plus important du panthéon égyptien.

Les Mayas respectaient beaucoup les grenouilles, pour eux elles signifiaient le bonheur, et les Japonais les gardent dans leurs sacs à main pour que l'argent qui va toujours revenir. Dans l'art du feng shui, la grenouille symbolise l'abondance et les pouvoirs positifs à tous les niveaux.

Couleurs de bougies pour les rituels

La couleur de la bougie que nous allons utiliser dans nos rituels est importante. Toutes les couleurs ont des vibrations ; Par conséquent, ils influencent un certain domaine de notre vie.

Il est essentiel de savoir ce que vous voulez transformer dans votre vie, ou quel type de rituel vous allez faire, afin de choisir correctement une bougie qui s'y accorde.

Jaune : *Par nature, c'est la couleur de l'intelligence. Une bougie jaune est utilisée pour stimuler les pouvoirs de l'esprit. Dans les rituels dont le but est de transmettre la joie à quelqu'un, ou à quelque chose. C'est la couleur du soleil, la vitalité et le désir de vivre. C'est une bougie utilisée dans les situations de tristesse. Il est utilisé pour adoucir les comportements de mauvaise humeur. Pour les rituels liés au travail, aux études et à l'amour.*

Orange : *Contient l'énergie du rouge et du jaune. Il est idéal pour attirer l'harmonie, l'argent et la joie. Cela nous aide à prendre des décisions. L'orange a une énergie* *dynamique, elle sera donc particulièrement utile pour améliorer tout rituel que nous faisons.*

Bleu *: Il est spectaculaire de dissiper les tensions, les conflits ou toute situation difficile entre les personnes. Se connecter avec le monde spirituel, pour des rituels d'amour et de travail.*

Blanc et Or *: Ils sont bénéfiques pour attirer les énergies positives. Ils remplacent les autres bougies, en particulier la blanche, en contenant toutes les couleurs. La plupart des rituels peuvent être effectués exclusivement avec des bougies blanches.*

Rouge : *Ils sont les plus utilisés dans les sorts d'amour, car ils représentent la couleur du sang et du cœur, bien qu'ils servent dans les sorts liés à la santé et à la force physique. Ils servent de canalisateurs pour activer toute énergie stagnante.*

Rose : *Sa vibration est plus élevée que le rouge car il est mélangé avec du blanc. Ils représentent l'amour pur et le romantisme. C'est la couleur de la compassion et de l'empathie.*

Vert *: Couleur de fertilité. Il attire l'équilibre vers l'esprit, le corps et l'esprit. C'est une couleur associée à la santé ; Il peut être utilisé pour résoudre des situations de* *maladie. Particulièrement utile dans les rituels, ou cérémonies, liés aux finances ou à la prospérité.*

Violet et violet : *C'est le résultat du mélange de rouge et de bleu. Pour les rituels liés aux finances et au succès.*

Argent et gris : Ce sont *des couleurs neutres ; ils sont entre le noir et le blanc. Ils sont utilisés pour neutraliser certains maux. Les bougies en argent sont liées à l'énergie de la nuit et de la Lune, pour cette raison, elles sont utilisées dans les rituels ou les cérémonies nocturnes parce qu'elles sont liées à cette énergie.*

Brun : Cette couleur est liée au sol, surtout quand il n'a pas encore été planté. Nous devons être prudents lorsque nous l'utilisons car il peut attirer l'incertitude, donc quand il est utilisé, vous devez très bien spécifier ce que vous voulez, de peur que nous obtenions des effets contraires à la demande. Il est utilisé dans les rituels commerciaux.

Noir : *Il est utilisé dans les rites de nécromancie et pour invoquer des entités négatives. Ils aident à dissoudre les obstacles. Il profite aux amours occasionnelles. Ils exercent une influence mélancolique et c'est pourquoi vous devez être incroyablement prudent avec leur utilisation. Ils aident à* *libérer les dettes karmiques et à se débarrasser de la sorcellerie et des œuvres de magie noire.*

Pourquoi mes sorts ne fonctionnent-ils pas ?

Il y a une infinité de raisons pour lesquelles un sort peut ne pas fonctionner, et c'est que sans nous en rendre compte, nous commettons des erreurs. L'énergie des rituels est gaspillée si beaucoup de gens savent ce que vous faites. Si vous aimez faire de la magie, vous ne la répandez pas, vous devez économiser votre énergie pour les rituels que vous allez pratiquer. Cette époque et est l'une des règles les plus importantes des sorciers.

Il est particulièrement important d'avoir défini quel est le but ou le but du rituel ou du sort, car cela donnera de la vitalité au travail que nous faisons. Lorsque nous commençons à travailler avec la magie, nous devons savoir exactement quel but nous voulons atteindre. Nous devons être capables de résumer notre objectif en une seule phrase logique.

Nous devons nous assurer que nous avons tous les composants dont nous allons avoir besoin et que ceux-ci sont exempts d'énergies négatives. Chaque rituel a une liste pour sa préparation, mais vous devez vous rappeler que nous pouvons faire des remplacements, si vous trouvez un élément, vous pouvez le remplacer par un autre, et cela aura le même but.

Notre humeur est la clé, nos émotions doivent être équilibrées et nous devons nous sentir en sécurité et optimistes. Il ne devrait pas y avoir la moindre possibilité que nous voulions nuire à une autre personne. Le résultat d'un rituel dépend beaucoup de vous. Il est essentiel que vos émotions soient en phase avec la méthode, par exemple : si vous voulez de l'argent, supposez que vous l'acquerrez en grosses sommes. L'approche influence le résultat.

Pour obtenir des résultats positifs, nous devons les pratiquer au bon moment.

Ces périodes magiques sont liées à l'astrologie, et nous devons les connaître et programmer nos rituels pour ces périodes qui seront les plus appropriées pour effectuer notre magie.

Vous ne devez pas effectuer simultanément des sorts du même type, car cela provoque un croisement d'énergies. Concentrez-vous sur un seul pour le bon résultat, pour le simple fait d'essayer, vous ne travaillerez plus correctement, la simple idée d'en effectuer d'autres suffit déjà à affaiblir le premier rituel. La chose la plus sensée est de renforcer le premier travail.

Ne faites jamais de magie pour le plaisir d'expérimenter, ce qui pourrait causer des difficultés dans votre vie quotidienne, car cela peut inciter à des énergies étranges.

Dans des circonstances particulières, telles que des situations urgentes, le rituel est répété au moins trois fois, plusieurs jours consécutifs dans la même semaine, à l'heure désignée de la Terre et, dans certains cas, trois fois le même jour, mais toujours aux moments appropriés.

Les quatre points cardinaux sont fondamentaux pour obtenir de bons résultats dans la pratique de la magie. Les points cardinaux se distinguent par la position du Soleil par rapport à la Terre : Nord, Sud, Est, Ouest.

La nature est guidée par ces quatre points, de sorte qu'à chacun d'eux appartient l'un des éléments rituels. Chacun possède des qualités et des énergies uniques.

Le Nord est une question de terres, de sécurité et de cohérence. C'est une énergie féminine et fertile. Il est symbolisé par le vert. Il est lié à la santé et au pouvoir du physique. Ce point favorise les rituels d'argent et le succès.

L'Ouest correspond à l'eau, est émotionnel, sensible, généralement représenté par le bleu. Les pratiques dédiées à ce point cardinal activent toutes sortes de questions.

Le Sud est feu, il montre l'énergie, les activités psychiques, la passion et le désir. C'est une énergie masculine. Il correspond à la couleur rouge.

L'Orient représente l'air, est associé à l'intellect, à la créativité, à l'abstraction et aux facultés mentales. C'est une énergie masculine ; Sa couleur est jaune.

Tous les éléments sont primordiaux dans notre vie, et ils ont des caractéristiques positives et négatives. Il est essentiel de les connaître pour canaliser et protéger correctement les énergies.

Tous les rituels magiques peuvent commencer par une invocation aux points cardinaux et la formation d'un cercle d'énergie à l'intérieur duquel invoquer les entités sacrées. Chacun de ces points géographiques possède une vibration particulière, propice à savoir en profiter dans nos rituels.

La magie du temps

Quel jour et quelle heure de la journée sont régis par la planète qui régit le but du rituel ?

Chaque jour a ses propres énergies concrètes et sa propre magie. Le secret est de pouvoir canaliser ces connexions de manière pratique vers vos sorts et œuvres magiques.

L'une des sagesses les plus respectées par les praticiens de la magie et de l'ésotérisme est le bénéfice des heures planétaires, comprises comme les espaces temporels qui sont sous les influences énergétiques d'une certaine planète.

Les correspondances planétaires magiques sont simples à utiliser. Vous devez vous entraîner à les incorporer, car cela renforce votre magie et la puissance de vos sorts. En commençant à étudier ces correspondances, vous vous en rendrez compte parce qu'avant vos sorts ou bains chanceux ne fonctionnaient pas.

Chaque jour à 24 heures planétaires, mais contrairement aux heures que nous connaissons traditionnellement, elles ne sont pas limitées à des périodes de 60 minutes, cela pourrait l'être.

Il y a 12 heures planétaires diurnes et 12 heures nocturnes. Les heures planétaires diurnes s'étendent du lever au coucher du soleil ; tandis que les nocturnes vont du crépuscule à l'aube le lendemain.

Les heures planétaires diurnes sont utilisées pour activer une certaine intention magique, tandis que les heures planétaires nocturnes parce qu'elles sont imprégnées d'un type d'énergie différent servent à renforcer, pendant ce moment, les sens sont aiguisés.

En plus de les utiliser pour notre travail magique, nous pouvons utiliser les heures planétaires pour tirer le meilleur parti de notre journée. En cas de journée spéciale, de signature d'un contrat important, d'un voyage, d'une fête, d'un rendez-vous romantique, de l'achat d'une maison, etc., nous rechercherons toujours le moment propice par rapport à la nature de la planète qui nous convient le mieux.

Selon notre calendrier, la journée commence à 00h00 la nuit et se termine à 00h00 le lendemain. Pour la tradition astrologique et ésotérique, la régence des heures du jour et de la nuit est partagée entre les sept planètes, de la plus éloignée à la plus proche.

Dans les temps anciens, les astrologues ont examiné les planètes qui se distinguaient à l'œil nu et ont enregistré la vitesse de chacune, de la plus rapide à la plus lente à faire le tour de la Terre : ***Saturne, Jupiter, Mars, le Soleil, Vénus,***

Mercure et la Lune. *Et cet ordre est ce que vous devez apprendre pour déterminer quelle planète règne chaque heure. (La Lune et le Soleil sont des luminaires, mais les astrologues des temps anciens l'ont ignoré.)*

Dans la tradition astrologique, chaque heure du jour est régie par une planète spécifique et le cycle de ces heures est ce qui a donné son nom aux Jours de la Semaine. Les anciens Chaldéens étaient ceux qui ont institué le calendrier de sept jours, équivalent aux noms des dieux et des planètes, et les ont nommés de la même manière.

Ils ont remarqué que la durée des jours changeait selon les saisons, que deux fois par an, aux équinoxes de printemps et d'automne, les jours étaient d'une longueur égale à celle des nuits. Pour cette raison, ils ont divisé chaque journée de 24 heures en deux parties de 12 heures.

Heures de jour, allant du lever au coucher du soleil.

Les heures de nuit, allant du coucher au lever du soleil.

La sélection du temps planétaire réside dans le choix de l'énergie planétaire la plus favorable pour le rituel ou le sort que nous allons effectuer.

Sunshine Temps *: C'est une heure spectaculaire pour tous et pour toutes les activités, propice aux rencontres avec des personnes influentes (patrons, directeurs de banque, cadres supérieurs, etc.), pour entamer une négociation.*

Organiser nos objectifs, nos vocations, notre carrière, obtenir les honneurs.

Demander une augmentation, faire des présentations, parler en public. Pour les sorts liés au travail ou à l'argent. Rituels liés à l'obtention de promotions et de promotions, aux relations avec les supérieurs et à la réussite.

Heure de Vénus *: Pour manifester notre énergie créatrice (peinture, musique, tout travail artistique). Pour notre santé, notre vitalité et notre estime de soi. Pour acheter de l'or et des bijoux. Temps propice aux questions féminines, pour optimiser notre apparence, aller chez le coiffeur ou recevoir des traitements esthétiques.*

Convient pour faire du shopping, décorer la maison, sortir avec vos amis ou faire des rencontres amoureuses, faire la fête, partir en voyage, demander des faveurs, créer une entreprise et exécuter des investissements.

C'est le moment idéal pour demander le mariage et se marier. Aussi, pour faire la paix après un conflit ou une bagarre verbale. Pour les sorts ou les rituels liés à l'amour, aux contrats et aux associations.

Mercury Temps *: En cette heure, les gens sont plus expressifs, même les plus renfermés, car Mercure est la planète de la communication et, à moins qu'elle ne soit rétrograde, il est favorable de passer des appels téléphoniques, d'envoyer* *des correspondances importantes, d'écrire, des sujets intellectuels en général, d'étudier, d'entreprendre de courts voyages, de signer des contrats, de réparer votre ordinateur et de conclure des affaires commerciales. Sorts de papiers, contrats.*

Rituels liés aux opérations commerciales et bancaires ; études de base ou secondaires, signature de contrats et communications, courts voyages et médecine alternative.

***Mars Temps** : La nature impulsive de Mars nous encouragera à être plus audacieux et moins prudents, ce n'est donc pas le bon moment pour commencer une dispute, car elle peut se terminer par un combat ; ni pour entreprendre un voyage dans le but d'une transaction, car cette heure est sujette à des accidents, mais pour toute activité dans laquelle vous devez être plus énergique, comme effectuer des exercices, ou une situation où le courage est nécessaire. Il n'est pas bon de commencer un partenariat, ni de se marier. Rappelez-vous que Mars a toujours tendance à être conflictuelle.*

Vous pouvez exécuter des sorts contre les ennemis, des rituels liés à la bravoure, à l'action et à la conquête. C'est une période conseillée pour les interventions chirurgicales car elle favorise la capacité de guérison.

***Temps de la Lune** : Le caractère émotionnel, féminin et nourricier de la Lune se manifeste dans les personnes et les fonctions de l'heure lunaire. Il est propice aux affaires* *domestiques, aux discussions avec les mères et les femmes en général, et aux questions familiales ; traiter avec le public, cuisiner, manger, laver et même arroser les plantes ; pour décorer notre maison et la rendre plus confortable. Sortilèges familiaux ou amour. Rituels liés au féminin, à la maison et à la fertilité.*

***Temps de Saturne** : Les gens semblent être plus renfermés en cette heure car les énergies de Saturne sont toujours sombres, sa nature limitante apporte des problèmes et des retards ; il n'est pas conseillé de signer des contrats, de nouer des relations sociales ou de commencer quelque chose, cependant, il est bon de commencer la construction d'une maison, puisque Saturne gouverne les structures, les bases, et la durée, pour acheter et vendre des biens immobiliers et des terres. Aussi, à démolir.*

Excellent moment pour demander conseil à une personne âgée. Un autre aspect bénéfique peut être l'organisation, la discipline et le travail fastidieux. Idéal pour les sorts contre les ennemis ou pour retarder quelque chose. Rituels liés à la sagesse et aux études professionnelles.

***Jupiter Temps** : Le caractère bénéfique de Jupiter se reflétera dans les personnes et les tâches de cette heure. Il est favorable d'acheter des billets de voyage, pour tout contact à l'étranger. Pour obtenir des privilèges dans des entreprises ou* *démarrer une activité majeure, démarrer une entreprise, ouvrir une entreprise ou s'engager.*

Demander des faveurs aux personnes d'autorité, obtenir des honneurs, acheter des biens immobiliers. Favorable pour les sorts d'argent et les questions juridiques. Rituels liés à la prospérité et à l'obtention d'emplois. Pour se protéger, recouvrer la santé et commencer des études professionnelles.

Le calcul des heures planétaires est affecté par les heures de lumière et d'ombre que vous avez. Les périodes changeront en fonction du point géographique où vous vous trouvez et de la saison de l'année (printemps, été, automne, hiver).

Pour travailler avec la puissance des heures planétaires et améliorer vos rituels magiques, vous devez connaître l'heure du lever et du coucher du soleil dans votre pays, puis diviser le nombre de minutes de lumière naturelle par 12 (le nombre d'heures planétaires diurnes).

Bain pour la période rétrograde de Mercure

Vous avez besoin de trois de ces plantes : Rue, Sauge, Romarin, Lavande, Menthe ou Laurel.

Sélectionnez trois de ces plantes, vous pouvez les obtenir dans des magasins botaniques ou ésotériques. Prenez une grande casserole, versez de l'eau et placez les plantes jusqu'à ébullition complète.

Lorsque vous avez bouilli la préparation, laissez-la refroidir. Vous le forcez. Baignez-vous de la même manière que vous le faites tous les jours. Après vous être baigné, vous faites l'eau des plantes de votre tête et la laissez couler sur tout votre corps.

Attendez quelques secondes avant de sécher pour qu'il pénètre et procure son effet nettoyant. Séchez-vous, si possible, dans les airs, sans serviette, et vous sentirez le changement dans votre aura, à partir de ce moment, vous serez prêt à pratiquer votre sort sans risques ni sabotage par Mercure Rétrograde.

Les meilleurs moments pour faire des rituels liés à l'argent sont les dimanches pendant les heures de la planète Jupiter, les jeudis pendant les heures du Soleil ou de la planète Vénus et les vendredis pendant les heures de la planète Jupiter. La Lune doit être dans sa phase de croissant et dans l'un de ces signes : Taureau, Lion, Balance, Sagittaire ou Verseau.

Rituels pour le signe du Bélier

Rituel contre de l'argent le jour de l'éclipse solaire.

Besoin :
-Glace
-Eau bénite
- Grains de maïs
- Sel de mer
- 1 récipient en argile
- Trois voiles flottantes vertes
- Cartouche de papier ou parchemin et crayon
- 1 nouvelle aiguille à coudre

Écrivez vos demandes d'argent sur papier, puis signez votre nom sur les bougies avec l'aiguille. Pour nettoyer votre énergie, vous utiliserez le récipient en argile où vous placerez la glace et l'eau sacrée, dans des proportions égales, vous ajouterez trois poignées de sel de mer.

Mettez les deux mains dans la casserole afin d'expulser les énergies négatives que vous avez en vous. Sortez vos mains de l'eau, mais ne les séchez pas. Ajoutez une poignée de maïs dans le bol et remettez vos mains pendant trois minutes.

La dernière chose que vous ferez est d'allumer les bougies avec des allumettes en bois et de les placer à l'intérieur du récipient. Avec le feu des trois bougies, vous brûlez le papier avec vos souhaits, et vous laisserez les bougies brûler.

Ce rituel doit être effectué au moment exact de l'éclipse solaire. Les restes de ce sort, vous les enterrez quelque part où le Soleil peut vous donner, car de cette façon votre désir continuera à recevoir des énergies.

Rituel d'amour le jour de l'éclipse solaire

Ce rituel doit être pratiqué au moment exact où l'éclipse solaire se produit.

Besoin :
- 2 bougies jaunes
-Miel
- Quartz rose
- Nouvelle aiguille à coudre
- Huile essentielle de cannelle
- 1 Coupe de cristal

Vous devez écrire sur chaque bougie votre nom et le nom de la personne que vous aimez avec l'aiguille. Ensuite, vous consacrez ces bougies avec de l'huile de cannelle.

Placez le quartz rose dans la tasse en cristal et versez le miel dessus, placez les bougies sur les côtés, allumez-les et répétez à haute voix :

« Nipa agbara ti Eclipse ati agbara agba aye Mo pe awọn ipa ti Agbaye lati fa eniyan yẹn ti o pinnu lati wa ninu igbesi aye mi ».

Lorsque les bougies sont consommées, vous rincez le quartz et l'utilisez comme amulette.

Rituel pour conjurer les problèmes relationnels

Ce rituel doit être pratiqué pendant l'éclipse de Lune ou dans la phase de pleine lune.

Besoin :
- 1 ruban blanc
- 1 nouveaux ciseaux
- 1 stylo à encre rouge

Vous devriez écrire sur le ruban blanc à l'encre rouge le problème que vous rencontrez et le nom de la personne. Ensuite, vous le coupez en sept morceaux avec les ciseaux et pendant que vous le faites, vous répétez d'une voix forte :

« Eyi ni iṣoro mí. Mo fẹ ki o lọ ki o ma pada wa. Jọwọ, mu u kuro lọdọ mí. Bee ni be. » Vous mettez tout dans un sac noir et vous l'enterrez.

Sort aztèque pour la santé

Éléments nécessaires.

- *1 bougie blanche.*
- *1 carte de l'Ange de votre dévotion.*
- *3 encens de bois de santal.*
- *Charbons végétaux.*
- *Eucalyptus séché et herbes de basilic.*
- *Une poignée de riz, une poignée de blé.*
- *1 assiette ou plateau blanc.*
- *8 pétales de rose roses.*
- *1 flacon de parfum, personnel.*
- *1 boîte en bois.*
-

Vous devez nettoyer l'environnement en allumant les charbons végétaux dans un récipient en métal. Lorsque les charbons sont bien allumés, vous placerez progressivement les herbes séchées et marcherez dans la pièce avec le récipient, afin que les énergies négatives soient éliminées.

Après l'encens, vous devez ouvrir les fenêtres pour que la fumée se dissipe. Préparez un autel sur une table recouverte d'une nappe blanche. Placez la carte choisie dessus et autour d'elle place les trois encens en forme de triangle.

Vous devez consacrer la bougie blanche, puis l'allumer et la mettre devant l'ange avec le parfum découvert. Vous devez être détendu, pour cela vous devez vous concentrer sur votre respiration.

Visualisez votre ange et remerciez-le pour toute la bonne santé que vous avez et celle que vous aurez toujours ; Cette gratitude doit venir du plus profond de votre cœur.

Après avoir rendu grâce, vous lui donnerez en offrande la poignée de riz et la poignée de blé, que vous devez placer à l'intérieur du plateau ou de l'assiette blanche.

Dispersez tous les pétales de rose sur l'autel, en rendant grâce à nouveau pour les faveurs reçues. Après le remerciement, vous laisserez la bougie allumée jusqu'à ce qu'elle soit complètement consommée.

La dernière chose à faire est de rassembler tous les restes de bougies, de brûleurs d'encens, de riz et de blé, et de les placer dans un sac en plastique et de le jeter dans un endroit où il y a des arbres sans le sac.

La carte d'ange ainsi que les pétales de rose les placent à l'intérieur de la boîte et placez-les dans un endroit sûr de votre maison.

Le parfum énergisé que vous utilisez utilisera lorsque vous sentirez que les énergies diminuent, pendant que vous visualisez votre ange et demandez sa protection. Ce rituel est plus efficace si vous l'effectuez un jeudi ou un lundi au moment de Jupiter ou de la Lune.

Sortez pour gagner au jeu.

Ce sort est super efficace si vous le faites un vendredi au moment de la planète Vénus ou Jupiter.

Vous devriez prendre votre portefeuille ou votre sac à main et mettre du gros sel de mer à l'intérieur. Vous devez également placer un billet de valeur élevée.

Vous fermez le portefeuille et l'attachez avec un ruban doré. Pendant que vous l'attachez, vous répétez à haute voix : « Ce puissant sel d'abondance multipliera mon argent et attirera la chance dans le jeu vers moi. » Vous devez laisser le portefeuille pendant une semaine sous votre oreiller, après ce temps, vous jetez le sel par terre et le billet est laissé dans votre portefeuille (vous ne devriez pas l'utiliser pour jouer) à côté d'un drap de rue masculine.

Quartz chanceux

Nous sommes tous attirés par les diamants, les rubis, les émeraudes et les saphirs, ce sont évidemment des pierres précieuses. Les pierres semi-précieuses telles que la cornaline, l'œil de tigre, le quartz blanc et le lapis-lazuli sont également très prisées car elles sont utilisées comme ornements et symboles de pouvoir depuis des milliers d'années.

Ce que beaucoup ne savent pas, c'est qu'ils étaient appréciés pour plus que leur beauté : chacun avait une signification sacrée et leurs propriétés curatives étaient aussi importantes que leur valeur ornementale.

Les cristaux ont toujours les mêmes propriétés aujourd'hui, la plupart des gens connaissent les plus populaires tels que l'améthyste, la malachite et l'obsidienne, mais il existe actuellement de nouveaux cristaux tels que le larimar, la pétalite et la phénacite qui sont devenus connus.

Un cristal est un corps solide avec une forme géométriquement régulière, les cristaux se sont formés lors de la création de la terre et ont continué à se métamorphoser à mesure que la planète a changé, les cristaux sont l'ADN de la terre, ce sont des réserves miniatures qui contiennent le développement de notre planète sur des millions d'années.

Certains ont été soumis à d'énormes pressions et d'autres ont grandi dans des chambres profondément enfouies sous terre, d'autres ont coulé à l'existence. Quelle que soit leur forme, leur structure cristalline peut absorber, conserver, concentrer et émettre de l'énergie. Au cœur du cristal se trouvent l'atome, ses électrons et ses protons. L'atome est dynamique et est composé d'une série de particules qui tournent autour du centre en mouvement constant, de sorte que, bien que le cristal puisse sembler immobile, c'est une masse moléculaire vivante qui vibre à une certaine fréquence, et c'est ce qui donne l'énergie au cristal.

Les pierres précieuses étaient autrefois une prérogative royale et sacerdotale, les prêtres du judaïsme portaient une plaque sur la poitrine pleine de pierres précieuses qui était bien plus qu'un emblème pour désigner leur fonction, car elle transférait le pouvoir à ceux qui l'utilisaient.

Les hommes utilisent des pierres depuis l'âge de pierre car elles avaient une fonction protectrice protégeant leurs porteurs de divers maux. Les cristaux actuels ont le même pouvoir, et nous pouvons sélectionner nos bijoux non seulement en fonction de leur attractivité extérieure, les avoir près de nous peut booster notre énergie (cornaline orange), nettoyer l'espace autour de nous (ambre) ou attirer la richesse (citrine).

Certains cristaux comme le quartz fumé et la tourmaline noire pourraient absorber la négativité, émettre de l'énergie pure et propre.

L'utilisation d'une tourmaline noire autour du cou protège des émanations électromagnétiques y compris celle des téléphones portables, une citrine attirera non seulement les richesses, mais vous aidera également à les garder, à la placer dans la partie de la richesse de votre maison (la plus à gauche de la porte d'entrée). Si vous cherchez l'amour, les cristaux peuvent vous aider, placez un quartz rose dans le coin des relations dans votre maison (le coin arrière droit le plus éloigné de la porte d'entrée) son effet est si puissant qu'il est pratique d'ajouter une améthyste pour compenser l'attraction.

Vous pouvez également utiliser la rhodochrosite, l'amour se présentera sur votre chemin.

Les cristaux peuvent guérir et donner de l'équilibre, certains cristaux contiennent des minéraux connus pour leurs propriétés thérapeutiques, la malachite a une forte concentration de cuivre, le port d'un bracelet de malachite permet au corps d'absorber des quantités minimales de cuivre.

Le lapis-lazuli soulage la migraine, mais si le mal de tête est causé par le stress, l'améthyste, l'ambre ou la turquoise situés au-dessus des sourcils le soulageront.

Le quartz et les minéraux sont des joyaux de la terre mère, donnez-vous l'occasion et connectez-vous à la magie qu'ils dégagent.

Bélier

Quartz fumé

C'est un symbole divin sur ce plan physique. Ce quartz mystique vous donnera beaucoup de lumière. C'est le quartz des médiums, des spiritualistes et des alchimistes car il brise tout ce qui est négatif. Il est associé sur le plan psychique, c'est le plus primitif du monde, et c'est un oracle.

Il vous protégera contre les énergies les plus défavorables telles que l'envie, la colère et les pensées destructrices.

C'est le guérisseur énergétique le plus efficace de la planète, évaporant, augmentant, protégeant et modelant l'énergie, et il est miraculeux de la débloquer. Il transforme l'énergie à l'état le plus pur admis.

Il est bon pour la méditation et stimule la mémoire. Sur le plan de la guérison, c'est un thérapeute et peut être utilisé pour équilibrer les chakras. Il aide en cas de danger et renforce la solution de ceux-ci. Calme psychologiquement la peur et vous aide à obtenir une paix émotionnelle. Il apaise les tragédies et, lorsqu'il rencontre des émotions négatives, les transmute.

Consécration de votre amulette ou talisman

Il est particulièrement important de consacrer notre amulette ou talisman pour qu'elle fonctionne. Ils doivent être chargés des cinq éléments, c'est-à-dire le feu, la terre, l'air, l'eau et l'éther (esprit).

*- **Feu** : Vous devez passer votre talisman ou amulette sur la flamme d'une bougie, si elle a une forme pyramidale, elle est beaucoup plus puissante. Tout en le tenant pendant plusieurs minutes au-dessus de ce feu, vous devez répéter d'une voix forte :*

« Ego facio in elementis ignis Sicut salamandrae draconem elementa activa viribus curandi potestas et igni ».

*- **Terre** : Vous devez enterrer votre amulette ou votre talisman pendant au moins 12 heures dans du sel terrestre ou marin. Tout en l'enterrant, vous devez répéter à haute voix :*

« Im 'particularum vires terrœ loading, per virtutem enim huius terrae magicae gnomes phylacterium fortior sit. »

*- **Air** : Vous devez passer à votre talisman ou amulette la fumée d'un palo santo ou d'un sage. Pendant que vous faites cet encens, vous devez répéter à haute voix : « Im 'charring*

caeli elementaribus aquis, silfos sapis atque purissimum elementaris Deneme equitibus »

- **Eau** *: Vous devez mettre votre talisman ou amulette dans un récipient d'eau sacrée, de pluie ou de mer si le matériel le permet. Sinon, vous mettez le récipient sur le dessus ou à côté et laissez-le comme ça pendant 24 heures. Pendant que vous l'accommodez, vous répétez à haute voix :*

« Adiuro vos per virtutem aquaeelementaris materia s doque Tellurem cogitationes hominum sensusque malo colligit. Humilitatem meam super Devas mandat ».

- **Éther** *: Vous devez tenir dans vos mains le talisman ou l'amulette et fermer les yeux vous répétez d'une voix forte : « Ego ferre elementum phasmatis industria, Et impletum est omne desiderium meum numina mala bullas signati ».*

De cette façon, vous avez consacré votre amulette ou votre talisman.

Nettoyage de vos amulettes ou talismans

Vos amulettes et talismans se contaminent avec le temps et collectent des énergies négatives. Vos humeurs le polluent aussi. C'est pourquoi il est conseillé de les nettoyer et de les recharger.

Il existe plusieurs méthodes, et elles sont toutes simples :

***Améthyste :** Vous devez placer le talisman ou l'amulette sur ou à l'intérieur d'une boîte en bois avec de l'améthyste, il recueillera toutes les énergies négatives qu'il a imprégnées.*

***Lumière du soleil** : Laissez-les exposés pendant 24 heures à la lumière du soleil. Ces rayons du soleil sont comme une gomme magique.*

***Clair de lune** : Vous devez placer votre amulette ou votre talisman sous la lumière de la pleine lune, si vous pouvez les enterrer, c'est beaucoup mieux.*

Fumée : Passez à votre amulette ou talisman la fumée d'un bâton sacré ou d'une sauge.

Sel de mer : *Placez votre amulette ou votre talisman dans un récipient et couvrez-le de sel de mer, au moins pendant douze heures.*

Astrologie et santé.

Grâce à l'étude du thème natal, nous pouvons observer les tendances à certaines maladies puisque l'énergie des signes zodiacaux et des planètes nous affecte sur le plan psychologique et physique.

Traditionnellement, l'astrologie attribue une équivalence anatomique à chaque signe du zodiaque. Le modèle est simple puisqu'il commence en Bélier par la tête et descend jusqu'aux pieds, gouvernés par les Poissons.

***Bélier,** gouverne le visage, les yeux, le cerveau et la tête. Les Bélines souffrent de migraines et de maux de tête. Les glandes Bélier sont les glandes surrénales, qui poussent l'adrénaline dans la circulation sanguine en cas d'urgence, à cause de cela, ils ont la réputation d'impulsif.*

Larves astrales et parasites énergétiques

Tout ce qui existe dans ce monde se nourrit de quelque chose. Nous nous nourrissons de choses plus solides, de nourriture qui vient de la terre, d'animaux, et les entités plus subtiles se nourrissent de nous et de nos pensées. C'est la façon dont tout le monde doit survivre.

Chacun de nous possède une certaine quantité d'énergie vitale. C'est ce qui nous fait vivre équilibré, étant dans un bon état de santé physique et émotionnelle. Cependant, nous réalisons souvent que notre équilibre est compromis et que nous ne sommes pas en mesure de profiter de notre vie comme nous devrions le faire.

Nombreuses peuvent être les causes de notre déséquilibre. Cependant, l'une des causes les plus récurrentes est l'action des soi-disant larves astrales.

Dans les endroits où il y a une accumulation stagnante d'énergie négative, comme les hôpitaux, les cimetières, etc., il y a un risque d'acquérir l'une de ces larves astrales. Ils sont également transmis pendant l'acte sexuel, car il n'y a pas seulement un échange de fluides, mais aussi un échange émotionnel et des énergies.

Ces parasites se nourrissent de l'énergie vitale des personnes qui traversent un moment de faiblesse physique ou psychologique, ainsi que de celles qui effectuent normalement des processus magiques qui exigent une grande quantité d'énergie.

Les méthodes utilisées par les larves astrales pour se nourrir varient en fonction de certaines caractéristiques. Pour commencer, la taille de la larve. Il est plus fréquent de trouver des larves jeunes ou petites, il peut également arriver que nous fassions face à de vrais monstres de dimensions considérables.

Les petites larves astrales ont tendance à sauter d'un corps hôte à l'autre très fréquemment, généralement au moment où elles ont réussi à absorber une grande partie de l'énergie vitale de leur victime.

Plus les larves sont grosses, comme prévu, plus le danger qu'elles représentent est grand. Ils pouvaient se nourrir de leur victime d'une manière beaucoup plus agressive, jusqu'à la laisser complètement vide. Les principales larves astrales ne changeront de proie qu'en cas de décès de la personne, ou par une victime qui leur offre une plus grande source de nourriture.

Les personnes qui sont victimes de ces parasites rapportent une sensation de fatigue constante qui ne semble pas s'améliorer, même en prenant soin des heures de sommeil, en se nourrissant ou en pratiquant un exercice régulier. De plus, ils sont confrontés à la présence continue de pensées négatives.

Beaucoup disent même qu'ils soupçonnent qu'ils ne leur appartiennent pas, parce qu'ils ne sont pas des pensées communes en eux. Il est normal chez les victimes de larves astrales le développement fréquent de réactions émotionnelles telles que l'agression, la peur, la dépression, la colère, la honte et l'inconfort.

La fatigue générale provoque également une diminution du système immunitaire, ce qui prédispose l'hôte au développement d'autres symptômes qui, dans d'autres circonstances, ne pourraient pas se produire dans le corps.

L'émission d'énergie que cet état provoque fait de la personne la source spécifique que la larve recherche pour son développement.

De quoi s'agit-il ?

Les parasites énergétiques, également appelés entités, sont des fragments éthériques ou astraux, des êtres élémentaires, des énergies, etc., qui nous ont adhéré par différents canaux, étant les principaux pendant la grossesse, pendant notre enfance et surtout, lorsque nous trouvons de faibles énergies ou un faible niveau de vibrations.

Ces parasites énergétiques se nourrissent de notre énergie vitale, se nourrissant de nos peurs et de nos frustrations, nous consumant petit à petit. Certaines des maladies qui apparaissent dans notre corps physique, y compris le cancer, ont été générées par ces parasites énergétiques.

Où logent-ils ?

Ces parasites peuvent se loger dans les corps physiques, éthérique et astral. Dans le corps physique, ils sont généralement logés dans la tête, dans les zones : dorsale, lombaire et sacrée du dos, dans la région iliaque, dans le vagin ou l'utérus, dans le côlon, etc., en général dans toute cavité interne. Habituellement, les parasites énergétiques qui se logent dans notre corps physique sont attirés par les éléments chargés positivement de notre corps, restant dans notre système osseux.

Comment sont-ils détectés ?

Tout d'abord, ces parasites énergétiques produisent des envies qui nous obligent à consommer excessivement. Parmi les envies, nous trouvons les suivantes : bonbons et chocolats, aliments lourds tels que les viandes et les aliments épicés, café, tabac, malbouffe, alcool et surtout sucre.

Sa présence se manifeste également par des maux de dos, entre les omoplates ou la région lombaire, en plus d'une fatigue excessive, de troubles du sommeil, d'une vision floue, de la sensation d'avoir un poids supplémentaire sur le dos, comme si un sac à dos était porté.

Comme cela n'a pas de manifestation visible, la présence de larves astrales est rarement détectée par des personnes qui n'ont pas été formées pour cela. Cependant, ils se manifestent toujours en interne.

Les problèmes de sommeil et les cauchemars sont courants. Certaines personnes ont signalé une sensation d'oppression dans la poitrine, comme une force qui les presse vers le bas.

L'humeur personnelle est aggravée, au point où des attaques de panique inexpliquées et des maladies d'origine mystérieuse peuvent survenir.

Selon les experts, quarante à soixante pour cent des problèmes qui compromettent la psyché de la personne sont liés à la participation, même temporaire, d'une petite larve. Et de cinq à dix pour cent, les larves astrales sont responsables de tout le problème.

Pour nous protéger des larves astrales, vous pouvez utiliser des solutions simples, bien que, comme toujours, il soit préférable de les prévenir avant de les installer. Pour cela, il y a ceux qui recommandent de limiter le corps énergétique autant que possible. De cette façon, la personne peut passer inaperçue et ne pas attirer l'attention en tant que victime potentielle.

Il est bon d'utiliser du camphre ou du citron pour les éloigner.

Cependant, si vous connaissez déjà une victime de larves astrales et que vous voulez les aider, il est important de distinguer la taille de la larve en question.

Les créatures astrales profitent souvent des attaques pendant que les gens dorment, bien qu'il y ait des forces qui attaquent pendant que l'on est éveillé et ce sont des choses trop effrayantes, car c'est beaucoup plus fort. Outre les agressions physiques, il y a les attaques mentales, qui sont beaucoup plus subtiles, et dont on peut dire qu'elles sont victimes de tout le monde.

Ces créatures négatives qui vivent dans le monde astral (monde des émotions), se nourrissent de nos émotions négatives, telles que la colère, la peur, la tristesse, la dépression, et se laisser consumer par ces émotions, c'est se laisser consumer par ces créatures, et c'est pourquoi vous ressentez cette forte émotion incontrôlable.

Bien sûr, de la même manière que nous faisons des fermes d'élevage et consommons ensuite leur nourriture, ces créatures nous préparent sur le plan émotionnel à être leur nourriture, et c'est en provoquant des sentiments négatifs que nous nous laissons emporter par eux.

Les êtres humains sont les seuls à pouvoir produire certains types de pensées et d'émotions. De cette façon, quelqu'un consumé par la peur nourrit ces créatures, et ces créatures amènent en quelque sorte les gens à ressentir certains types de peur.

Il y a des niveaux et des niveaux dans cette partie, et la personne avec peu de volonté, s'enfonce lentement dans ces sentiments négatifs. Quelqu'un commence comme une personne qui lui donne de la colère, puis il devient plus sauvage, plus instinctif, jusqu'à ce qu'il passe à un autre niveau, et devienne un meurtrier.

Comment protéger la maison contre les larves ou les parasites astraux

- *Permettre l'entrée de la lumière, en particulier la lumière naturelle tous les matins, ouvrez les fenêtres et laissez entrer le renouvellement de l'énergie.*
- *Gardez votre maison propre et aérée.*
- *N'accumulez pas de choses que vous n'utilisez pas.*
- *Ne gardez pas les choses cassées à la maison.*

- *N'ayez pas de vieux objets à la maison, sauf si vous connaissez leur origine.*
- *Évitez les miroirs excessifs dans les chambres.*
- *Ne jouez pas avec une planche Ouija.*
- *Ne jouez pas dans des maisons ou des cimetières abandonnés.*
- *Ne pratiquez pas la magie noire.*
- *Allumez fréquemment de l'encens, des essences et des bougies dans votre maison.*
- *Prenez des bains d'eau avec du sel de mer et du vinaigre ou d'autres types de bains pour nettoyer l'aura. (Si vous voulez que Sprays efface l'aura, visitez la page www.esoterismomagia.com)*

- Portez du quartz ou des cristaux dans les accessoires.

- Ayez des verres d'eau avec du sel de mer dans les coins de votre maison sous votre lit et renouvelez-les quand ils sont sales et ont recueilli de mauvaises énergies.

-Nettoyez la maison de l'intérieur avec du sel de mer.

- *Il est important d'avoir dans la maison des objets tels que : des anges, des éléphants avec la trompe relevée, des bouddhas, des hiboux, des grenouilles.*
- *Utilisez des bols tibétains ou des cloches en métal car le son de ceux-ci purifie l'aura et l'énergie.*

Vous devez vous rappeler qu'aucun nettoyage n'aidera pendant longtemps, si dans la maison continue de régner une atmosphère de discussions, de mensonges, d'offenses, de saleté, de désordre, de vices, etc. Donc, essayez de garder votre fréquence vibrante élevée, de cette façon, vous ne donnerez pas l'occasion à ce type d'énergies de se manifester et d'adhérer à votre vie et à votre maison.

Des objets qui attirent la prospérité.

Pour éliminer les énergies négatives qui nous retiennent, vous pouvez choisir d'avoir différents ajustements qui attirent la chance et la prospérité.

- ***Statuette d'éléphant pour la chance****. Il symbolise le pouvoir et la force, attire la chance et la sagesse à la maison. L'endroit idéal pour placer cette amulette est le couloir d'entrée de la maison, regardant vers l'intérieur, accueillant la prospérité et la laissant entrer.*

- ***Les bambous pour la prospérité.*** *Pour attirer le succès et la prospérité, les Asiatiques affirment que le bambou est excellent.*

- ***Fer à cheval.*** *C'est l'un des talismans les plus populaires pour attirer la chance. Sa forme semi-circulaire est liée à la fertilité et au fer avec lequel il est fabriqué à la puissance. Pour le faire fonctionner comme une amulette, il est conseillé de l'accrocher à la porte, avec les extrémités tournées vers le haut.*

De cette façon, il devient un réceptacle des forces astrales. Idéalement, vous devriez chercher un fer à cheval avec sept trous, car c'est le nombre ancestral associé à la bonne fortune.

- **Poisson**. *Le poisson rouge est l'un des huit symboles sacrés de Bouddha, en tant que tel, il est considéré comme un talisman de richesse et de chance. Mais il n'est pas nécessaire qu'il soit simplement doré. Les figurines de poisson peuvent également être en argent, en cristal ou même sculptées dans le bois, et peuvent être laissées à l'intérieur de la maison, ou utilisées dans des bijoux. Non seulement ils attirent une bonne énergie, mais ils protègent également le porteur de la malchance.*

- **Chat de fortune.** *Ce talisman d'origine japonaise est l'un des plus connus en Occident. Le chaton avec sa main levée comme un signe invite les bonnes énergies à entrer dans la maison ou le lieu. Le chat peut être placé n'importe où dans la maison qui est visible, mais face à la porte est excellent.*

- **Œil d'Horus**. *Cette amulette traditionnelle de la civilisation égyptienne est utilisée depuis l'Antiquité, pour désactiver l'envie et le « mauvais œil ». On pense également qu'il chasse la maladie. Il est normal de trouver deux versions de l'œil : celle de gauche qui symbolise la Lune, et celle de droite, qui représente le Soleil. Ce dernier est celui auquel les bonnes énergies sont assignées.*

- **Bouddha souriant**. *Avoir dans la maison la figure d'un Bouddha souriant produit de la richesse, de la prospérité et de* *l'argent. Il transforme également les énergies de la maison, de sorte que la paix et la bonne humeur prédominent.*

- **Tortue.** *La tortue représente la santé, la longévité, la stabilité et l'équilibre, les avoir comme animaux de compagnie augurés de la prospérité. Avoir la statuette d'une tortue portant ses petits sur son dos représente les bonnes opportunités qui nous apparaîtront dans le futur.*

- **Candélabres.** *Le chandelier doit avoir sept bras, appartient à la tradition hébraïque et est considéré comme un porte-bonheur pour le bonheur et l'équilibre dans la maison. Même dans le monde ésotérique, il représente une lumière dans les ténèbres. Pour attirer l'abondance et la chance à la maison, vous devriez accrocher un lustre miniature derrière la porte d'entrée de votre maison.*

- **L'œil turc**. *Historiquement, il a servi à dissoudre le mauvais œil. Si vous le placez face à la porte, il est porteur de chance dans la maison et agit comme un protecteur contre le mal et les mauvaises énergies.*

- **Trèfle à quatre feuilles.** *C'est le porte-bonheur par excellence, bien qu'il s'agisse d'un spécimen rare qui ne se produit qu'une fois sur 10 000 cas. Chaque feuille du trèfle représente un élément de bonheur : amour, santé, fortune ou prospérité.*

- ***Anciennes clés***. *Les vieilles clés portent chance, en particulier à l'économie de la maison, des affaires et du travail. Ils symbolisent l'ouverture de portes, c'est-à-dire de nouvelles opportunités.*

- **Les cloches.** *Ils remplissent la maison de bonnes vibrations et favorisent la circulation des bonnes énergies, supprimant les négatives et attirant les positives. Ils sont généralement placés sur les portes ou dans les patios.*

- ***Les dés***. *Ils symbolisent l'avenir et la chance. Vous devez toujours en avoir un avec vous dans votre portefeuille, votre sac à main ou en vrac dans votre sac.*

- ***La Main de Fatima.*** *Dans certaines cultures, il est considéré comme porteur de chance, d'abondance et de santé.*

- **Las Croises.** *La croix de Caravaca, la croix égyptienne et la croix celtique sont considérées comme protectrices contre les maladies. Ils attirent également la prospérité.*

- ***Joues de vent****. Ils sont célèbres pour attirer l'énergie positive, en fait, ils sont aussi appelés « communicateurs d'anges ».*

- ***Cuisse de lapin****. Largement utilisée dans la culture occidentale, c'est l'une des amulettes porte-bonheur les plus populaires et les plus anciennes pour la maison.*

- ***Couleur bleue****. Il symbolise l'élément eau, il crée donc de la fluidité. Si vous perdez votre argent facilement, ajoutez cette couleur à votre maison.*

- ***Quartz.*** *Le sélénite, le quartz blanc et la tourmaline noire sont d'excellents choix pour les cristaux qui attirent les bonnes énergies. Utilisez-les comme pièces de décoration et assurez-vous de les laisser toute la nuit dans une fenêtre afin qu'ils soient chargés d'énergie au clair de lune.*

- ***Figure de dauphin****. Les histoires sur la bonne chance que les dauphins attirent sont incroyablement anciennes et proviennent de marins et de personnes qui travaillent en mer.*

Objets qui entravent la prospérité.

- ***Ornements ou cadeaux indésirables.*** *Vous ne devriez pas garder les objets qui vous sont donnés par des personnes* *que vous n'aimez pas ou quelqu'un avec qui vous avez rompu brusquement ou de manière problématique une relation.*

- Fleurs séchées, plantes artificielles ou cendres d'une personne décédée*. Les vases avec des fleurs fanées ou des ornements avec des fleurs séchées sont généralement de mauvais augure. Il en va de même pour les plantes artificielles et les fleurs et les cendres d'une personne décédée, car, n'ayant pas de vie, elles ne laissent pas l'énergie circuler et interfèrent négativement avec l'équilibre énergétique de la maison.*

*- **Cactus ou plantes épineuses**. Cactus ou les plantes épineuses ne devraient pas être à la maison car elles peuvent attirer des problèmes économiques.*

*- **Miroirs cassés ou tachés**. Les miroirs doivent toujours avoir l'air propres, s'ils sont cassés ou en mauvais état, vous devez les jeter. Selon le Feng Shui, ils ne doivent jamais être placés devant le pied du lit.*

***- Le balai** en l'air. Lorsque vous rangez le balai dans les toilettes, vous ne devez pas le mettre avec les poils en l'air, cela est synonyme de malchance et fait fuir l'argent. Vous devez toujours l'avoir vers le bas.*

- **Parties d'animaux morts.** *Avoir des parties d'animaux morts à la maison, telles que des peaux, des coquillages, des cornes, des ivoires, des escargots ou des espèces empaillées équivaut à de la malchance. La croyance a à voir avec les énergies stagnantes. Vous aurez la mort présente dans votre maison.*

- **Vêtements laissés ou en mauvais état.** *Il est particulièrement important d'éviter l'accumulation de vêtements vieux ou cassés que nous n'utilisons plus. Ils sont un obstacle qui ne permet pas de renouveler les énergies de la maison.*

- **Placez un aquarium dans la cuisine ou la chambre à coucher**. *Si vous avez un aquarium dans la cuisine ou la chambre à coucher, vous commettez une grave erreur. Selon le Feng Shui, ces zones nécessitent davantage la présence de l'élément feu et l'eau pourrait l'anéantir.*

- **Un vieux calendrier.** *La tradition dit que montrer la mauvaise année, le mauvais mois ou le mauvais jour est un rappel du temps qui passe, et cela nuira négativement à votre vie en attirant la malchance.*

- **Une horloge arrêtée**. *Une montre arrêtée ou tout simplement ne fonctionnant pas, il vaut mieux la jeter, selon la* *tradition chinoise, attirer la malchance car le temps s'est arrêté sur eux. De plus, c'est le signe d'une vie plus courte.*

- *Photos de catastrophes naturelles.* *Les photos dans votre maison montrant des catastrophes naturelles sont des symboles de malchance. Non seulement des images de mort ou de destruction, mais aussi des photos de chutes de neige ou de pluie.*

- ***Une porte noire.*** *(Pas si vous regardez vers le nord). Selon le Feng Shui, une porte noire orientée vers le sud, l'est ou l'ouest invite à la malchance.*

- ***Parapluies ou parapluies à l'intérieur de la maison.*** *C'est l'une des plus anciennes superstitions connues de mauvais augure. Un parapluie ne porte pas malheur ou n'en est pas un symbole, mais lorsque l'on est ouvert à l'intérieur de la maison ou de tout intérieur, on dit qu'il attire la malchance.*

- ***Une hache à l'intérieur de la maison.*** *La hache à l'intérieur de la maison n'est pas seulement un objet de malchance, mais aussi de mort.*

Quel est le signe le plus sûr du zodiaque ?

La confiance en soi nous aide à être prêts à affronter les obstacles de la vie. Lorsque nous avons la sécurité, si les choses ne fonctionnent pas, la confiance en soi nous aide à essayer à nouveau. La confiance en soi ou la confiance en soi est souvent confondue avec l'estime de soi, et bien qu'elles soient liées, elles ne sont pas les mêmes.

L'estime de soi est l'appréciation générale d'une personne d'elle-même, et la confiance en soi décrit l'estimation de sa capacité à atteindre un objectif.

Tous les signes du zodiaque n'ont pas le même niveau de sécurité, il y en a qui sont super peu sûrs, cependant, d'autres ont un niveau incroyable de persévérance et de confiance en soi.

Bélier : pense que demander de l'aide est une indication d'infériorité, ne reconnaît pas leurs limites. Demander de l'aide, ce sont des gens courageux et sûrs d'eux.

Taureau : Il déteste sortir de sa zone de confort. En n'élargissant pas vos limites par peur de situations qui représentent un nouveau défi, vous saboter votre confiance en vous.

Gémeaux : a tendance à valoriser leurs actions comme négatives. Ils sont submergés par la recherche de l'approbation des autres, ce qui est un symptôme d'insécurité.

Cancer : voit ses défauts, mais pas ses vertus. Les pensées négatives sur vos capacités sont le manque de sécurité personnelle.

Lion : C'est agressivement sûr. Ils ne se sentent pas obligés de faire les choses d'une certaine manière, ils attaquent le problème de la manière qui leur semble la plus pratique. C'est ce qu'on appelle la sécurité.

Vierge : Ils aiment avoir l'approbation des autres, sacrifiant leur vraie personnalité. Ce besoin d'approbation est synonyme de « Je n'ai pas confiance en moi ».

Balance : ne risque pas par peur de l'échec, ou d'avoir mal choisi, en oubliant que la spontanéité planifiée n'existe pas. En assimilant ce qui vaut à vos échecs ou à vos succès, vous vous condamnez éternellement à n'avoir aucune sécurité.

Scorpion : Ils sont motivés par leur désir de grandir et chaque fois qu'ils ont la possibilité de le faire, ils se sentent confiants en eux-mêmes. Ils n'ont pas de place pour ressentir des doutes.

Sagittaire : ne croit pas aux circonstances, ils vont à la recherche des circonstances qu'ils veulent, et s'ils ne les trouvent pas, ils les fabriquent. Ils ont confiance en eux et sont prêts à être désapprouvés par les autres parce qu'ils ont confiance en leurs propres capacités.

Capricorne : ils masquent leur insécurité en étant compétitifs car de cette façon, ils évitent de se sentir comme des échecs. Il tolère très mal l'échec et justifie toujours ses erreurs, au lieu de les accepter et d'en tirer des leçons.

Verseau : ils ne tolèrent pas que tout ce qui leur est associé soit moins que parfait. Cette exigence de soi et cette recherche constante d'une perfection qui n'existe pas est une expression d'insécurité.

Poissons : souffre d'insécurité personnelle, un type d'insécurité qui se nourrit d'une faible estime de soi. Cette insécurité est une conséquence d'une décision qui a généré des conséquences négatives, et de cette expérience des Poissons, je conclus que vous ne pouvez pas faire confiance à vos critères pour prendre des décisions.

L'assurance est la guérison, car être sûr de qui nous sommes et de nos capacités nous permet de ne pas être esclaves des opinions des autres et de rechercher constamment la reconnaissance des autres. C'est un processus par lequel nous devons valoriser chaque réalisation obtenue, en oubliant les critiques négatives ou les manipulations des autres, en nous appuyant toujours sur nos forces.

Commencez à renforcer votre sécurité dès aujourd'hui et vous verrez à quel point vous vous sentirez bien.

Bibliographie

Certaines informations ont été extraites des livres publiés par les auteurs : Love for All Hearts, Money for All Pocket et Horoscope 2022 et 2023.

Les articles écrits dans le Nuevo Herald par l'un des écrivains sont inclus dans ce livre.

À propos des auteurs

En plus de ses connaissances astrologiques, Alina Rubi a une formation professionnelle abondante ; Elle détient des certifications en psychologie, hypnose, reiki, guérison bioénergétique avec cristaux, guérison angélique, interprétation des rêves et est instructrice spirituelle. Rubi a des connaissances en gemmologie, qu'il utilise pour programmer des pierres ou des minéraux et les transformer en puissantes amulettes ou talismans de protection.

Rubi a un caractère pratique et déterminé, ce qui lui a permis d'avoir une vision spéciale et intégratrice de plusieurs mondes, facilitant les solutions à des problèmes spécifiques. Alina écrit les horoscopes mensuels pour le site Web de l'American Association of Astrologers ; Vous pouvez les lire sur le site Web de www.astrologers.com. En ce moment, il écrit une chronique hebdomadaire dans le journal El Nuevo Herald sur des sujets spirituels, publiée chaque dimanche sous forme numérique et le lundi sous forme imprimée. Il a également un programme et un horoscope hebdomadaire sur la chaîne YouTube de ce journal. Son annuaire astrologique est publié chaque année dans le journal « Diario las Américas », sous la rubrique Rubi Astrologa.

Rubi est l'auteur de plusieurs articles sur l'astrologie pour la publication mensuelle « Today's Astrologer », a enseigné l'astrologie, le tarot, la lecture des mains, la guérison par les cristaux et l'ésotérisme. Elle a des vidéos hebdomadaires sur des sujets ésotériques sur sa chaîne YouTube : Rubi Astrologa. Elle avait son propre programme d'astrologie diffusé quotidiennement par Flamingo T.V., a été interviewée par plusieurs programmes de télévision et de radio, et chaque année son « Annuaire astrologique » est publié avec l'horoscope signe par signe, et d'autres sujets mystiques intéressants.

Elle est l'auteur des livres « Riz et haricots pour l'âme » Parties I, II et III, une compilation d'articles ésotériques, publiés en anglais, espagnol, Français, italien et portugais. « De l'argent pour toutes les poches », « L'amour pour tous les cœurs », « La santé pour tous les corps », Annuaire astrologique 2021, Horoscope 2022, Rituels et sorts pour le succès en 2022, Sorts et secrets, Cours d'astrologie, Rituels et amulettes 2023 et Horoscope chinois 2023 tous disponibles en cinq langues : anglais, italien, Français, japonais et allemand.

Rubi parle parfaitement anglais et espagnol, combine tous ses talents et ses connaissances dans ses lectures. Il réside actuellement à Miami, en Floride.

Pour plus ***d'informations, vous pouvez visiter le site Web*** *www.esoterismomagia.com*

Alina A. Rubi est la fille d'Alina Rubi. Elle étudie actuellement la psychologie à la Florida International Université.

Enfant, elle s'intéressait à tous les sujets métaphysiques, ésotériques et pratiquait l'astrologie et la Kabbale dès l'âge de quatre ans. Il a des connaissances en Tarot, Reiki et Gemmologie. Elle est non seulement l'auteure, mais éditrice avec sa sœur Angeline A. Rubi, de tous les livres publiés par elle et sa mère.

Pour plus d'informations, vous pouvez la contacter par courriel : ***rubiediciones29@gmail.com***

www.ingramcontent.com/pod-product-compliance
Lightning Source LLC
LaVergne TN
LVHW060838170826
845678LV00007B/1807

* 9 7 9 8 8 4 0 2 4 4 1 0 4 *